📖 주제

• 외모   • 성격   • 마음   • 사랑

📖 활용 학년 및 교과 연계

초등 과정	2-1 통합	봄2 > 1. 알쏭달쏭 나
	4학년 도덕	3. 아름다운 사람이 되는 길
	6학년 도덕	2. 작은 손길이 모여 따뜻해지는 세상

덤벙첨벙요정, 사랑에 빠지는 마법약을 찾아라!

초등 첫 인문철학왕
덤벙첨벙요정, 사랑에 빠지는 마법약을 찾아라!

초판 1쇄 발행 2023년 3월 30일

글쓴이 신선옹 | **그린이** 심유정 | **해설** 한지희
기획편집 이정희 | **편집** 이정희 박주원
디자인 문지현 | **생각 실험 디자인** 이유리

펴낸이 이경민 | **펴낸곳** ㈜동아엠앤비
출판등록 2014년 3월 28일(제25100-2014-000025호)
주소 (03972) 서울특별시 마포구 월드컵북로22길 21, 2층
전화 (편집) 02-392-6901 (마케팅) 02-392-6900 | **팩스** 02-392-6902
홈페이지 www.moongchibooks.com | **전자우편** damnb0401@naver.com | **SNS** 📘 📷 blog

ISBN 979-11-6363-596-3(74100)

※ 잘못된 책은 구입한 곳에서 바꿔 드립니다.
※ 이 책에 실린 사진은 셔터스톡, 위키피디아, 게티이미지뱅크(코리아)에서 제공받았습니다. 그 밖의 제공처는 별도 표기했습니다.

도서출판 뭉치는 ㈜동아엠앤비의 어린이 출판 브랜드로, 아이들의 지식을 단단하게 만들어 주고,
아이들의 창의력과 사고력을 키워 주어 우리 자녀들이 융합형 사고뭉치와 창의뭉치로
성장할 수 있도록 좋은 책을 만들겠습니다.

추천사

'질문'의 힘! '생각'의 힘!
'미래 인재'로 가는 힘!

어린이와 학부모님들께 《초등 첫 인문철학왕》을 추천할 수 있어서 매우 기쁩니다. 어린이들이 이 시리즈를 통해 '나'에 대해, 나와 공동체 사이의 소통에 대해, 세상의 이치와 진리에 대해 마음껏 질문하고 생각하기를 바라기 때문입니다. 그렇게 되면 창의적으로 문제를 해결하는 힘 또한 커질 수 있다고 믿기 때문이지요.

'제4차 산업혁명의 시대'라는 말처럼 우리는 모든 것이 혁신적으로 변화하는 시대에 살고 있습니다. 스마트폰, 인공 지능, 첨단 로봇 등 새로운 기술과 지식이 나오는 속도도 이전과 비교할 수 없을 정도로 빨라졌지요. 세상에 넘쳐나는 지식과 정보는 이제 누구나 쉽게 구할 수 있고, 개인의 두뇌에 담아낼 수 있는 용량을 넘어선 지 오래입니다. 결국 이 시대의 아이들에게 필요한 것은 지식보다는 그 지식을 다루는 지혜와 창의성 아닐까요?

7차 교육과정 개정 이후 학교 교육도 이러한 시대 흐름에 맞추어 미래 사회가 요구하는 인문학적 상상력과 과학기술 창조력을 두루 갖춘 창의융합형 인재를 양성하는 것을 목표로 합니다.

'철학'은 '지혜를 사랑하는'이란 뜻을 가진 말입니다. 이 학문은 여러분처럼 모든 것에 호기심 많았던 철학자들로부터 시작됩니다. 아주 오래전부터 인간, 사회, 자연, 우주, 진리 등 다양한 분야에서 다른 사람들보다 더 깊이, 더 많이, 그리고 아주 끈질기게 했던 수많은 질문과 탐구를 하며 만들어졌습니다.

마치 높은 곳에 올라가면 마을 전체를 내려다볼 수 있는 넓은 시야를 얻게 되듯이, 철학을 한다는 것은 하나의 문제를 더 큰 눈으로 볼 수 있게 되는 것이랍니다. 그러면 어떤 점이 좋을까요? 더 넓게 보는 눈, 더 깊이 있게 보는 눈, 다른 사람들이 생각하지 못한 부분들을 상상하고 찾아낼 수 있는 눈이 생깁니다. 또 우리 앞의 문제들을 자신만의 창의적인 방법으로 해결할 수도 있고, 그 문제를 해결하다가 다른 더 큰 문제를 발견하여 미리 처리할 수도 있습니다.

《초등 첫 인문철학왕》은 바로 그러한 생각의 눈을 아주 활짝 열어 줄 것입니다. 주제와 관련된 재미있는 동화, 이와 연결된 깊이 있는 인문 해설과 철학 특강, 창의·탐구 활동 등으로 구성된 시리즈는 아이들이 세상에 넘쳐나는 지식을 지혜롭게 다루는 힘을 길러서, 문제해결력을 갖춘 창의적 인재로 성장할 수 있게 해 줄 것입니다.

그러니 이 책을 읽으며 여러 분야에서 떠오르는 호기심과 질문들을 혼자만 가지고 있지 말고 친구, 가족과도 나누어 보시길 바랍니다. 모두가 질문하고 생각하는 힘이 생긴다면, 어려운 문제들을 함께 해결해 나가는 공동체를 만들 수 있겠지요?

이 책을 읽는 여러분들 모두, 그런 멋진 공동체를 하나둘 만들어 나가는 지혜로운 미래 인재가 되기를 기대합니다.

이지애 드림
(이화여대 철학과 부교수, 한국 철학교육 학회 회장)

초등 첫 인문철학왕
이렇게 활용하세요!

생각 실험

생각 실험은 어떤 사실을 알기 위해 여러 가지 실험과 사례를 연구하는 것이에요. 철학이나 자연 과학 분야 등에서 널리 사용되는 방법이에요. 권마다 주제에 관련된 실험, 유명한 인물의 사례 등을 읽으며 상상력과 문제 해결력을 키워 보세요.

만화 & 동화

인문 철학 주제별로 아이들의 생활 세계 속 이야기, 패러디 동화 등이 다양하게 펼쳐져요. 처음과 중간은 만화, 본문은 그림 동화로 되어 있어서, 재미난 이야기에 푹 빠질 수 있어요.

인문철학왕되기

오랫동안 어린이들과 함께 철학 수업을 연구하고 진행해 온 한국 철학교육연구원 소속 교수와 연구진들이 집필했어요.

소쌤의 철학 특강, 인문 특강, 창의 특강으로 구성되었어요. 주제와 이야기 안에 숨겨진 철학적 문제들에 대해 함께 답을 찾아갈 수 있도록 깊이 있는 토론과 특강, 그리고 재미있는 활동으로 구성되었어요.

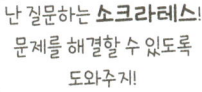

난 질문하는 **소크라테스**! 문제를 해결할 수 있도록 도와주지!

난 **뭉치**. 같이 생각하고 토론하지!

난 늘 창의적인 **새롬**이!

난 생각이 깊은 **지혜**!

교과 연계

각 권마다 최신 개정 교과서 단원과 연계되어 교과 학습에 도움이 되도록 구성되었어요. 권별로 확인하세요.

이 책의 차례

　　추천사 4
　　구성과 활용 6

생각 실험　외모가 뛰어나야 사랑에 빠지는 걸까? 10

만화　보는 사람마다 달라 보이는 외모? 20

비상이야, 비상! 22
　　인문철학왕되기1　아름다운 외모가 사랑에 빠지는 데 꼭 필요할까?
　　소쌤의 철학 특강　철학자들이 말하는 '아름다움'이란 무엇일까?

신비의 숲을 향해 출발 44
　　인문철학왕되기2　사람들은 정말 외모만을 볼까?
　　소쌤의 인문 특강　미인의 기준이 다 다르다고?

| 만화 | 사랑에 빠지는 이유 ……………………………… 70

신비의 숲 앞에 선 요정들 ……………………… 76
- 인문철학왕되기3   겉보다는 속이 중요해!
- 소쌤의 인문 특강   외모를 꾸미던 옷과 장신구도 변화해!

동화 밖 세상으로의 여행 …………………… 96
- 인문철학왕되기4   만일 나라면?
- 놀이활동   나의 외모를 개성 있게 꾸며 보자

외모가 뛰어나야 사랑에 빠지는 걸까?

오백여 년 전 잉글랜드 왕국의 왕인 헨리 8세는 여러 이유로 결혼을 여섯 번이나 했어요. 그런데 언제나 외모가 뛰어난 여성만을 아내로 맞이하겠다고 말했대요. 그는 네 번째 왕비 후보인 여성의 초상을 그려 오라고 궁정 화가인 홀바인에게 지시했어요. 왕비 후보는 클레베 공국 요한 3세의 딸, 앤 클레베였어요.

홀바인은 앤을 그린 초상화를 잉글랜드로 보냈어요. 헨리 8세는 그림 속 여인의 차분하고 우아한 모습에 반해서 결혼하기로 했어요.

<클레베의 앤(Anne of Cleves)>
독일 화가 한스 홀바인(1497~1543)이 헨리 8세를 위해 그린 초상화

그런데 잉글랜드에 도착한 앤을 만난 헨리 8세는 실망감을 표시했다고 합니다. **앤의 실제 얼굴이 초상화의 얼굴보다 매력이 없다면서요.** 그래서인지 결혼식을 올린 지 6개월 만에 결혼이 무효라고 선언했어요.

그 뒤 앤은 고향에 돌아가지 않고 잉글랜드에 남았습니다.
왕비는 아니지만 왕실 사람으로 대접을 받았다고는 해요.
앤은 그렇게 10여 년을 다른 나라에서 지내다 불과 마흔 살이
조금 넘은 나이에 세상을 떠났어요.

나 먼저 가오~

앤과 결별한 뒤, 헨리 8세는 홀바인에게 초상화를 그려 달라는 주문을 거의 하지 않았어요. **왕은 화가가 실제보다 훨씬 아름답게 여인의 초상을 그렸다고 여겼지요.** 하지만 헨리 8세의 생각과 다르게 클레베의 앤을 미인으로 묘사한 기록들이 전해집니다.

내가 아니라면 아닌 거야, 쳇!

당시 앤을 그린 오른쪽의 초상화 (나)를 보면 왼쪽 홀바인의 초상화 (가)와 큰 차이가 보이지 않아요. 홀바인이 그린 왼쪽이 조금 더 아름다워 보이는 건 사실이지만, 요즘 같으면 오른쪽 초상화를 조금 보정한 정도가 아닐까요? 여러분의 생각은 어떤가요?

가　　　　나

우리는 누구나 자신의 외모가 남들보다 뛰어나기를 바라죠. 하지만 **외모가 그 사람의 모든 것을 결정하지는 않아요.** 부인의 외모가 마음에 들지 않는다고 결혼을 무효로 만든 헨리 8세에 대해서 여러분은 어떤 생각이 드나요?

> "왕은 아름다운 초상화보다 못한 앤의 실물을 보고 실망하고 말았지. 화가가 있는 그대로 그렸더라면, 두 사람은 해피 엔딩으로 끝났을지도 몰라."

외모가 못난 남자라면 그냥 결혼을 안 하겠어.

엘리자베스 1세 여왕

앤을 실제보다 조금 더 아름답게 보이게 그렸던 화가 홀바인의 잘못일까요? 아니면 외모에 집착했던 헨리 8세의 태도에 문제가 있는 것일까요?

"사람은 외모뿐만이 아니라 매력적인 말투나 행동으로도 자신의 아름다움을 뽐낼 수 있어. **겉모습으로만 사람을 판단**하고 **마음을 닫아 버린 왕의 잘못**이 더 크다고 봐."

결혼 조건에 외모가 다가 아니라고!

빅토리아 여왕

보는 사람마다 달라 보이는 외모?

비상이야, 비상!

우당탕퉁탕! 쿵쿵 쾅쾅!

고요하고 평화로운 동화 속 요정 나라가 시끌벅적 요란해졌어.

"무슨 일이지? 어디에서 들리는 소리야?"

길을 지나던 후루룩쨱깍요정이 두리번두리번! 소리가 들리는 쪽으로 가 보았지.

투당탕! 쿵쾅!

"엇, 저기는 덤벙첨벙요정의 집인데?"

후루룩쨱깍요정은 심장이 쿵쾅거렸어. 무슨 일이 생긴 건 아닌지 겁이 나기도 했지. 덤벙첨벙요정의 집 문은 열려 있었어.

똑똑! 마음은 급하지만 우선 문을 두드렸지.

"덤벙첨벙, 안에 있어?"

우당탕, 우당탕탕! 노크 소리가 들릴 리 없었어.

"오우, 후루룩쨉깍! 어서 와."

달그락 덜그럭, 덤벙첨벙요정은 엉망이 된 집 안에서 무언가를 찾고 있는 것 같았어.

"무슨 일이 있는 거야? 지나가는 길에 요란한 소리가 들려서 와 본 거야."

후루룩쨉깍요정은 정신없이 어질러진 짐들 사이로 요리조리 피해 간신히 집 안으로 들어섰어.

"오랜만에 만났는데 정신없어서 미안해. 그런데 없어졌어. 없어졌다고."

"대체 뭐가 없어졌는데? 내가 같이 찾아 줄게!"

그 순간, 덤벙첨벙요정은 움직임을 멈추었어. 그러고는 아주 작은 소리로 말했지.

"외모가최고약이 사라졌어."

"뭐라고?"

그 소리가 너무 작아서 전혀 알아들을 수 없었지.

"크게 말해 봐. 뭐가 없어졌다고?"

덤벙첨벙요정은 두리번두리번 주변을 살폈어. 그러더니 후루룩짹깍요정 옆에 가까이 와서 귓가에 대고 속삭였지.
"외모가최고약이 사라졌다고!"
"뭐라고? 으읍!"
덤벙첨벙요정이 후루룩짹깍요정의 입을 막지 않았더라면 놀라는 소리가 온 마을 요정들에게 다 들릴 뻔했어. 후루룩짹깍요정은 덤벙첨벙요정의 손을 떼어 내며 소리를 낮췄어.
"외모가최고약이 사라졌다니. 그건 네가 담당해서 사용하기로 한 마법의 약이잖아. '사랑' 주제를 차지하기 위해 연습생끼리 엄청 치열했다고. 각자 마법의 약 종류를 정할 때 요정들이 서로 얼마나 그 약을 담당하고 싶어 했는데. 연습생을 시작한 지 이제 3개월밖에 되지 않아서 아직 남아 있는 연습생 기간이 1년 9개월이야.
우린 또 얼마나 어렵게 연습생이 되었고……. 그런데 그 약을? 진짜 그 약을 잃어버렸다고? 그 소중한 약을?"
후루룩짹깍요정이 쉴 틈 없이 말하고 질문했지만, 덤벙첨벙요정은 그저 눈을 질끈 감고 고개를 끄덕일 뿐이었어. 차라리 꿈이었으면 좋겠다고 생각하면서 말이야.
"어떻게 된 일인지 이야기를 잘 해 봐. 그래야 약을 찾든 뭘 하든 할 수 있을 거 아니야."

후루룩쨱깍요정은 마음을 가다듬고 짐 더미 위에 털썩 앉았지. 덤벙첨벙요정도 어쩔 수 없는 상황이라는 걸 아는지 애써 차분하게 말을 시작했어.

"며칠 전 신데렐라에게 다녀왔어. 처음으로 동화 속 이야기 현장으로 실습을 나가는 멋진 기회였지. 새엄마와 못된 언니들 사이에서 고생만 하던 신데렐라를 도와줬어. 왕자를 만나 사랑에 빠지게 하는 데에 외모가최고약을 사용했지. 외모가최고약으로 신데렐라의 외모를 누구보다 근사하게 바꿔서 도움을 준 거야! 우여곡절은 있었지만 신데렐라와 왕자는 결국 사랑을 이루었어. 다시 생각해도 너무 아름다운 사랑 이야기야."

덤벙첨벙요정은 신데렐라를 만났던 생각에 푹 빠져서 잠깐이나마 평온하고 행복해 보였어.

"그래, 신데렐라에게 가서 외모가최고약을 썼어. 그러고는 어떻게 했어?"

후루룩쨱깍요정은 그 다음 이야기가 더 궁금했지.

"맞아. 그 다음이 문제였어. 신데렐라에게 외모가최고약을 몽땅 다 썼어. 그러고는 그 약병을 홀랑 던져 버렸나 봐. 내가 너무 신이 나서 약병 챙길 생각을 못 했어. 스승님들이 약을 다 써도 약병

만 있으면 약은 다시 채워진다고 했는데…….”

"어휴…….”

후루룩쨱깍요정은 차마 고개를 들 수 없었어. 지금의 상황이 얼마나 심각한지 깨달은 거야.

"아니, 아무리 신이 나도 그렇지. 그걸……, 그걸 던져 버리면 어떡해!”

"맞아, 내가 생각해도 말이 안 돼. 근데 내가 누구야. 평소에는 누구보다 덤벙거리고 사랑에는 누구보다 첨벙 뛰어드는 사랑꾼 요정이 바로 나, 덤벙첨벙요정이잖아. 내가 그렇지 뭐…….”

덤벙첨벙요정은 이루 말할 수 없을 정도로 절망에 빠져 보였어. 후루룩쨱깍요정은 그 모습을 그냥 지켜 볼 수만은 없었지.

"방법을 찾아보자. 방법이 있을 거야!”

하지만 덤벙첨벙요정은 고개를 가로저었어.

"방법은 내가 여러 가지 생각을 해 봤는데…….”

"해 봤는데?”

어느새 후루룩쨱깍요정은 마음이 다급해졌지. 덤벙첨벙요정은 어깨가 축 늘어진 채 말했어.

"우리는 아직 연습생이잖아. 당연히 마법의 약 만드는 방법은 모르고……. 선배들한테 물어보니 마법의 약 만드는 방법은 연습생 기간이 끝날 쯤 시험을 통과하면 알 수 있다고 하더라고."

"시험? 무슨 시험인데! 지금 보면 안 되는 거야?"

느닷없이 후루룩쨱깍요정의 두 눈이 휘둥그레졌어. 당장이라도 시험을 보러 갈 기세였지.

"어휴, 너 아직 소문 못 들었구나."

"왜? 무슨 시험인데 그래. 시험이면 공부를 하면 되겠네. 그래, 공부! 공부를 하자!"

덤벙첨벙요정은 후루룩쨱깍요정을 철부지처럼 바라보았어.

"너, 사랑이 뭐라고 생각해?"

"뭐? 사…… 사랑?"

갑자기 확 던져진 질문은 자신감 넘치던 후루룩쨱깍요정도 얼어붙게 만들었지.

"그래, 사랑이 뭐라고 생각하냐고. 우리는 마법의 약을 사용해서 사랑을 이룰 수 있게 돕는 요정이잖아. 연습생 생활 2년 동안 여러 사람들을 보면서 우리가 선택한 주제 '사랑'이 무엇인지 알아

내고 정리해야 하는 거라고 하더라."

덤벙첨벙요정의 얼굴은 이미 많은 걸 포기한 표정이었어.

"사랑…… 사랑……. 사랑이 뭘까?"

후루룩짹깍요정은 곰곰이 사랑이라는 말을 되뇌며 잠시 깊은 생각에 빠졌어. 덤벙첨벙요정도 그 옆에 앉아서 멍하니 어질러진 집 안을 둘러보았어.

"휴……."

둘 다 나오는 건 한숨뿐이었지.

"사랑, 너무 어렵다."

자신만만하던 후루룩쨱깍요정에게서 어렵다는 말이 나왔어. 덤벙첨벙요정도 다를 바 없었지.

"그러니까 말이야. 사랑이 뭘까? 누가 누구와 사랑에 빠지고, 사랑을 이룰 수 있는 걸까? 사랑이 시작될 때 가장 중요한 건 뭐지? 우린 모두 아직 이것에 대해 몰라. 이제 알아가기 시작하려고 했는데……."

덤벙첨벙요정은 잃어버린 외모가최고약을 찾으면서 꽤 많은 고민을 한 것 같았어.

"기운 내, 덤벙첨벙! 우리가 할 수 있는 것들을 해 보자."

후루룩쨱깍요정은 집 안의 무거운 공기라도 바꿔야겠다고 생각했지.

"뭐라도 먹긴 한 거야?"

덤벙첨벙요정은 아무 말 없이 고개를 저었어.

"그럴 줄 알았어. 그래서 나한테 너희 집 요란한 소리가 들렸나 보다! 내가 누구야? 후루룩! 먹는 것에 진심이고, 쨱깍! 시간의 흐름에도 굴하지 않는 요정이잖아."

애써 분위기를 띄우려는 후루룩쩍깍요정을 보면서 덤벙첨벙요정의 표정도 조금 밝아졌지. 후루룩쩍깍요정은 조금 더 욕심이 생겼어. 덤벙첨벙요정을 한번쯤 웃게 만들고 싶었지.

"내가 혼자 먹으려고 챙겨 둔 사과파이를 줄게! 기운을 내 봐. 그리고 날 좀 봐 봐."

후루룩쩍깍요정의 말에 덤벙첨벙요정은 고개를 들었어.

"먹는 것에 진심이라서 좀 뚱뚱하고, 시간의 흐름에도 굴하지 않지만 현실은 꽤 나이를 먹었지? 하지만 너랑 같이 '사랑' 주제를 선택했잖아. 사랑이 좀 어렵긴 해도 진짜 고민해 볼 만한, 사람들이 살면서 가장 중요하게 생각하는 매력적인 주제 아니겠어?"

덤벙첨벙요정은 피식 웃음이 새어 나왔지.

"그러고 보니 난 우리 연습생들 사이에서 가장 인기 있는 것만 골라 했네. 행복, 우정, 성공, 모험, 정의……, 또 다양한 주제들 중에서도 사랑을 선택했고 말이야."

"맞아, 난 다른 파트에 대해서는 고민해 본 적도 없어!"

두 요정은 어느새 처음 연습생으로 들어왔던 그때를 추억하고 있었어. 후루룩쨱깍요정이 준 사과파이 맛이 마치 달콤한 사랑의 맛 같았지.

"음, 정말 맛있다. 고마워. 후루룩쨱깍 네가 아니었으면 혼자 좌절에 빠지고 말았을 거야. 휴! 이제 기운 내서 다시 뭐라도 해 봐야지."

"그래, 다행이야. 그나저나 어떻게 할 생각이야? 외모가최고약을 빨리 찾기는 해야 하잖아."

덤벙첨벙요정은 손을 툭툭 털고 일어서며 말했어.

"응, 맞아. 사실 연습생이 되고 나서야 알게 되었는데, 동화 나라를 복잡하게 만드는 마녀들은 계속해서 아름다운 사랑을 방해하더라고."

"동화 나라의 마녀들?"

후루룩쨱깍요정은 꽤나 놀란 얼굴이었지.

"응. 동화 나라의 주인공들 외모를 이상하게 바꾸거나 아예 동물 혹은 괴물로 바꿔 버려서 사랑이 이루어질 수 없게 하는 게 요즘 마녀들 사이에서 유행이라고 하더라. 지금도 어디선가 수상한 계획을 세우고 있는 마녀들이 있을 거야."

덤벙첨벙요정의 말을 듣고 보니 상황은 꽤 심각했어. 후루룩쨱깍요정은 덜컥 겁이 났지.

"그런데 외모가최고약이 없어서 어떡해? 외모가 바뀐 사람들을 다시 예쁘고 멋지게 바꿔 줄 수 없는 거잖아."

"맞아. 그럼 난 동화 나라에서 사랑이 이루어질 수 있도록 돕는 역할을 할 수 없게 돼."

생각하면 할수록 그냥 마법의 약병 하나를 잃어버린 단순한 문제가 아니었어. 덤벙첨벙요정은 더 섬뜩한 말을 하기도 했지.

"그런데 말이야. 외모가최고약을 사용하지 못하는 사이에 모두들 성형을 하겠다고 하면 어쩌지? 동화 나라뿐 아니라 온 세상 사람들이 모두 성형 수술을 한다고 하면 어떡해?"

후루룩쨱깍요정은 고개를 갸우뚱하며 되물었어.

"사람들이 왜 성형 수술을 할 거라고 생각해?"

"그거야 당연하지! 예쁘고 멋진 사람들이 사랑에 빠지니까."

덤벙첨벙요정은 너무나도 자신 있게 말했지. 후루룩쨱깍요정은 눈앞이 캄캄해지는 것만 같았어.

"그건…… 그 생각은 너무 위험할 수 있어!"

후루룩쩍깍요정은 조심스러워도 꼭 해야 할 말이라고 생각했지. 사랑은 절대 그런 것이 아니라고 생각했거든.

"덤벙첨벙, 그럼 너는 못생긴 사람은 사랑할 수 없다고 생각하는 거야?"

불과 3초 전까지만 해도 덤벙첨벙요정은 조금의 의심도 없이 그렇다고 생각하고 있었어. 하지만 후루룩쩍깍요정의 말과 표정에서 느껴졌어. 그렇다고 말하면 안 되는 분위기라는 걸 말이야. 느낌적인 느낌으로 덤벙첨벙요정은 우선 대답을 피했지.

"음, 그건 차차 생각해 보자! 지금 중요한 건 외모가최고약을 찾거나, 다시 만들 수 있는 방법을 알아내거나 하는 거잖아."

후루룩쩍깍요정은 덤벙첨벙요정이 대충 넘어가려는 그 마음까지 알아챘어. 그러고는 이 친구를 혼자 두면 안 된다고 생각했지.

"그래, 맞아. 그렇다면 이제부터 이 일을 해결하는 과정을 나와 함께하자. 내가 널 도울게!"

덤벙첨벙요정은 전혀 생각도 못 한 말이었어. 후루룩쩍깍요정이 함께 해 준다니 더없이 고마웠지. 앞으로 무슨 일이 일어날지는 전혀 모른 채 말이야.

"정말 고마워! 오늘은 우선 엉망이 된 내 집을 정리할게. 내일 아침 일찍 다시 와 줄 수 있겠어? 본격적으로 외모가최고약을 되찾기 위해 무엇이라도 해 보자."

"응, 짐을 다시 정리하면서 외모가최고약병이 다시 뿅

하고 나타나면 가장 좋겠지만 말이야."

두 요정은 별 탈 없이 외모가최고약을 되찾고 싶은 마음만큼은 똑같았어.

그날 밤, 후루룩쨱깍요정은 선배들과 스승들에게 받은 여러 가지 책을 살펴보았어. 덤벙첨벙요정은 엉망진창이었던 집을 겨우 다 정리하고 스르륵 잠이 들었지.

인문철학 왕 되기

아름다운 외모가 사랑에 빠지는 데 꼭 필요할까?

그렇죠. 덤벙첨벙요정이 잃어버린 '외모가최고약'을 찾는 까닭이 그것 때문 아닐까요?

역시 사랑을 하든 뭘 하든, 일단 잘생기고 예쁘고 봐야 해. 나처럼 말야. ㅋㅋ

첫! 동화에는 멋진 외모만 보고 사랑에 빠지는 주인공들이 나오지. 그렇지만 그게 다가 아니라고!

맞아. 외모만 보고 반해서 사랑한다면 나중에는 실망할 수도 있어. 행동거지가 별로면 생김새가 달라 보이지.

맞아! 외모가 빼어나지 않아도 멋진 행동을 하는 사람에게는 매력을 느끼게 돼.

그래! 아름다운 마음과 바른 행동이 없다면 상대방은 사랑을 느끼지 못할 거야.

소쌤의 철학특강

철학자들이 말하는 '아름다움'이란 무엇일까?

빼어난 외모의 기준은 인간이 아주 오래전부터 생각해 온 '아름다움이란 무엇일까?'라는 질문과 깊이 연결되어 있단다. 철학자들은 아름다움에 대해서 어떤 생각들을 갖고 있었을까?

'예쁘다', '아름답다(美)'란 개념은 고대 그리스부터 주로 서양 철학자들이 연구해 왔어. 약 2,500여 년 전에 고대 그리스의 유명한 철학자 플라톤은 진정한 아름다움이 무엇인지 탐구했지.

여러 다른 철학자들은 '아름다움이란?
눈으로 보고(시각), 귀로 듣는(청각) 감각을 통해
우리에게 즐거움을 주는 것'이라고 했어.

각각의 감각을 통해 즐거움을 느낀다면 이것을
'아름답다'라고 해!

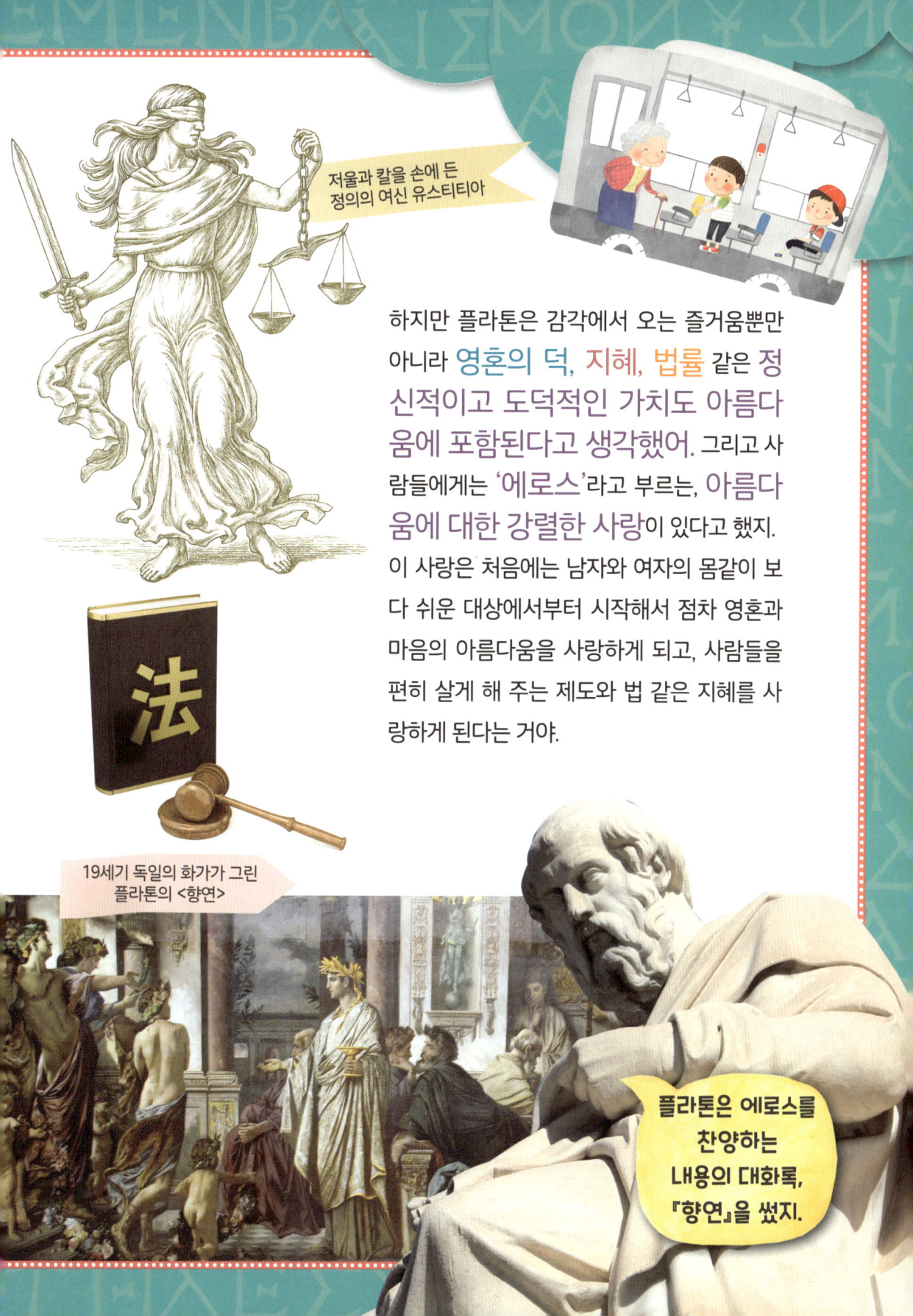

저울과 칼을 손에 든 정의의 여신 유스티티아

하지만 플라톤은 감각에서 오는 즐거움뿐만 아니라 **영혼의 덕, 지혜, 법률** 같은 정신적이고 도덕적인 가치도 아름다움에 포함된다고 생각했어. 그리고 사람들에게는 '에로스'라고 부르는, **아름다움에 대한 강렬한 사랑**이 있다고 했지. 이 사랑은 처음에는 남자와 여자의 몸같이 보다 쉬운 대상에서부터 시작해서 점차 영혼과 마음의 아름다움을 사랑하게 되고, 사람들을 편히 살게 해 주는 제도와 법 같은 지혜를 사랑하게 된다는 거야.

19세기 독일의 화가가 그린 플라톤의 <향연>

플라톤은 에로스를 찬양하는 내용의 대화록, 『향연』을 썼지.

신비의 숲을 향해 출발

똑똑! 똑똑똑!

"후루룩쨱깍! 일어났어? 나야, 덤벙첨벙이야."

아직 이른 시간인데 덤벙첨벙요정이 후루룩쨱깍요정의 집 문을 두드렸어.

"하아아아암……. 이렇게 일찍 무슨 일이야? 내가 너희 집으로 가기로 했잖아."

후루룩쨱깍요정은 아직 잠도 덜 깨어 부스스한 모습으로 겨우 문을 열었지.

"빨리, 빨리, 빨리! 새벽에라도 오고 싶은 걸 간신히 참았다고."

덤벙첨벙요정의 얼굴은 무척 신이 나 있었어. 그 모습을 보니 후루룩쨱깍요정은 번쩍 잠이 깨는 것 같았지.

"엇, 혹시? 혹시 너!"

후루룩쨱깍요정이 놀라자 덤벙첨벙요정도 점점 눈이 커졌어.

"혹시 뭐! 뭐?"

"방 정리하다가 외모가최고약 병을 찾은 거 아니냐고!"

하지만 덤벙첨벙요정은 고개를 절레절레 흔들며 후루룩쨱깍요정의 집으로 들어섰지.

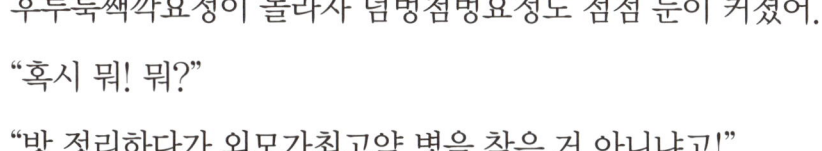

"아니, 미안하지만 아쉽게도 그건 아니야."

"후, 그렇구나. 그런데 왜 이렇게 신이 났어?"

후루룩쨱깍요정은 애써 실망한 표정을 감추었어. 하지만 덤벙첨벙요정은 아랑곳없었지.

"외모가최고약은 못 찾았지만, 약을 다시 만들 수 있는 방법을 알아냈어! 외모가최고약만이 아니라, 모든 마법의 약을 만드는 비법을 알고 있는 요정이 있대!"

몹시 흥분한 덤벙첨벙요정을 보면서 후루룩쨱깍요정도 무언가 희망이 보이는 것 같았지.

"그래? 그게 누구야? 신비의 숲에 사는 전설의 요정만 알고 있는 거 아니었어? 비법을 알고 있는 또 다른 요정이 있다고?"

그러자 덤벙첨벙요정은 무척 황당한 표정을 지었어.

"그걸…… 네가 어떻게 알아? 그 요정을 어떻게 알고 있냐고?"

이럴 수가……. 덤벙첨벙요정이 알아냈다는 요정이 다름 아닌 신비의 숲에 사는 전설의 요정이었어. 후루룩쨱깍요정은 13초 동안이나 아무 말을 하지 못하고 가만히 덤벙첨벙요정을 쳐다보기만 했어. 그러다가 어렵게 말을 이어 갔지.

"아……. 선배들이 절대 생각도 하지 말라고 쉬쉬하며 해 주는 이야기를 들었어."

후루룩쨱깍요정은 꽤나 난감해하며 안절부절못했어. 덤벙첨벙요정은 확신에 가득 차 있었지.

"그래? 아니야! 절대 생각도 하지 말아야 할 정도는 아니라고. 찾아가는 길이 험하고 멀긴 한데, 그래도 부지런히 가 보면 3일 안에 도착할 수 있을 것 같아."

덤벙첨벙요정은 지금이라도 당장 출발을 할 기세였어.

"자……, 잠깐만! 그렇게 무턱대고 갈 일이 아니라고."

후루룩쨱깍요정은 어떻게 해서든 덤벙첨벙요정을 말리고 싶었지. 그런데 그 이유를 설명할 틈도 없이 덤벙첨벙요정이 후루룩쨱깍요정을 가만히 두지 않았어.

"다른 방법이 없어. 동화 나라에 어느 마녀가 장난을 시작하면 곧바로 외모가최고약이 필요할 거야. 그런 걸 생각하면 시간이 없다는 뜻이지. 빨리 서두르자. 여기에서 연습생 과정을 포기할 수는 없잖아. 우리에게는 실력을 쌓아서 도움이 필요한 사람들을 멋지게 돕는 프로 요정으로 살아가는 꿈이 있잖아. 너도, 나도, 우리 연습생들 모두!"

후루룩쨱깍 요정은 덤벙첨벙요정을 말릴 수 없었지.

두 요정은 전설의 요정을 만나기 위해 신비의 숲을 향해 길을 나섰어. 신비의 숲은 요정 나라 끝에 있었어. 이 마을을 빠져나가는 것부터가 여정의 시작이었지.

"네가 같이 가 줘서 너무 다행이야. 혼자였으면 출발도 못 했을 거야. 네가 있어서 용기를 낼 수 있었다니까?"

덤벙첨벙요정은 후루룩쨱깍요정이 있어서 더욱 발걸음이 가벼웠어. 반면에 후루룩쨱깍요정은 생각도 많고 걱정도 많았지.

"그런데 외모가최고약을 구하지 못하면 어떻게 될까? 마법의 약을 쓰지 않고도 동화 나라 사람들을 도울 수 있으면 연습생 과정을 마칠 수 있잖아. 물론 쉽지 않겠지만 말이야."

후루룩쨱깍요정의 말에 덤벙첨벙요정은 난감한 얼굴을 보였어.

"그게 무슨 말이야. 외모를 바꿀 수 없는데 어떻게 사랑에 빠지게 할 수 있지? 난 외모를 예쁘고 멋지게, 근사하게 바꿔야 사랑에 빠질 수 있다고 생각해. 그러니까 연습생들 사이에서도 외모가최고약이 가장 인기 있었던 거 아니겠어?"

덤벙첨벙요정은 사랑에 빠질 때 외모가 가장 중요하다고 굳게 믿고 있었어. 후루룩쨱깍요정은 외모가최고약을 되찾기 전에 덤벙첨벙요정의 생각부터 바꾸어야 한다는 생각이 들었지.

"내 생각은 달라. 외모도 중요하지만, 반드시 예쁘고 멋있어야 사랑에 빠지는 건 아니라고."

"말도 안 되는 소리야. 그럼 넌 다른 어떤 걸로 사랑에 빠질 수 있다고 생각해?"

　덤벙첨벙요정은 후루룩쨱깍요정이 대답하지 못할 거라고 생각하며 자신만만하게 질문을 던졌지. 하지만 여기에서 주춤거릴 후루룩쨱깍요정이 아니었어.

　"잘 봐. 혹시 너 기억해? 우리 연습생들이 나눠 가진 사랑에 관련된 마법의 약에 어떤 종류가 있었는지 말이야."

　"사랑에 관련된 마법의 약 종류?"

덤벙첨벙요정은 가던 길을 잠시 멈춰서 기억을 더듬어 보았지.
"음, 외모가최고약 말고 다른 뭐가 있었던 것 같긴 한데. 외모가최고약을 가장 먼저 차지하고 신이 나서 다른 약들을 관심 있게 보지는 못했어."

마음씨최고약
나쁜 마음을 착하게 만들어 주는 약

매너가최고약
예의 있고 바른 태도를 갖게 해 주는 약

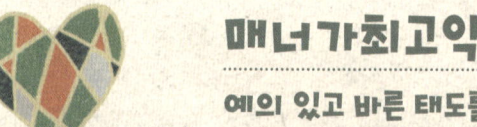

"솔직하긴 해서 좋다! 무슨 약이 있었는지 보여 줄게."

후루룩쨱깍요정은 어젯밤 급하게 살펴봤던 책들 중에서 사랑에 관련된 마법의 약 종류가 나와 있는 책을 챙겨 왔지.

"여기를 잘 봐. 마음씨최고약, 매너가최고약, 공감력최고약, 지

유머가최고약
유머러스하게 만들어 주는 약

말이잘통해약
소통을 잘하게 하는 약

성이최고약, 유머가최고약, 생각이발라약, 말이잘통해약……. 외모가최고약 말고도 이렇게나 많은 약들이 있다고."

덤벙첨벙요정은 가만히 책을 들여다보더니 믿을 수 없다는 표정을 지었어.

"이게 다 사랑에 관련된 마법의 약들이라고?"

"응! 주제는 사랑. 외모가최고약 옆에 쭈르륵 쓰여 있잖아."

그러고 보니 후루룩쨱깍의 말대로 외모가최고약 옆으로 사랑에 관련된 약들이 나열되어 있었어. 덤벙첨벙요정은 처음 보는 내용들이었지.

"에이, 이런 걸로 무슨 사랑에 빠져? 이게 무슨 작용을 하게 만드는 약들인데?"

"외모가최고약은 외모를 바꾸어 주는 약이지? 마음씨최고약은 나쁜 마음을 착하게 만들어 주는 약이야. 매너가최고약은 예의 있고 바른 태도를 갖게 해 주는 약이고. 공감력최고약은 상대방의 상황과 말에 잘 공감할 수 있도록 돕는 약이야."

후루룩쨱깍요정은 책에 나온 약의 모양과 색깔을 보여 주면서 하나하나 설명해 주었어.

"지성이최고약을 쓰면 아주 똑똑한 사람으로 만들어 줄 수 있대. 똑똑한 사람을 좋아하는 사람들도 있거든.

"그럼 여기에 있는 것들은 나도 맞출 수 있겠다."

덤벙첨벙요정은 다음 내용들을 짚어가며 말해 보았어.

"유머가최고약은 유머 있는 사람으로 만들어 주고, 생각이발라약은 올바른 생각을 갖게 하는 건가? 말이잘통해약은 말 그대로 서로 말이 잘 통하게 해 주는 거고."

"응, 아주 비슷해. 말을 잘하게 만드는 사람들을 좋아하는 경우도 있잖아. 생각이발라약은 생각이 바른, 즉 올바른 가치관을 가질 수 있도록 하는 약이고, 말이잘통해약을 사용하면 소통이 잘된다고 해."

덤벙첨벙요정은 사랑에 관련된 마법의 약 종류를 가만히 살펴보며 고개를 끄덕였어. 후루룩쩍깍요정은 덤벙첨벙요정의 생각이 어느 정도 바뀌고 있다는 게 느껴졌지.

"결국 사랑에 빠지는 건 상대방의 어떤 부분에 매력을 느끼는지에 따라 달라지는 거 아닐까?"

이 질문에 그렇다는 대답만 받는다면 위험을 무릅쓰고 전설의 요정에게까지 가지 않아도 될 것 같았어. 하지만 덤벙첨벙요정 역시 호락호락하지는 않았지.

"에이, 말도 안 돼. 이런 걸로 사랑에 빠질 리가 없어. 모든 건 외모 그 다음의 문제라고."

"그건 또 무슨 말이야?"

후루룩쨱깍요정은 덤벙첨벙의 생각을 가늠조차 할 수 없었어.

"내 말을 잘 들어 봐! 우선 처음에는 외모가 훌륭해야 첫눈에 반하는 거야. 첫눈에 반한 다음에 그 사람의 마음씨, 매너, 공감 능력, 똑똑함, 유머……, 이런 것들이 보이는 거라고."

"흠, 그럼 못생긴 사람은 영원히 사랑할 수 없다는 말이야?"

사실 후루룩쨱깍요정은 이 질문만큼은 하고 싶지 않았어. 이 질문에 덤벙첨벙요정이 그렇다고 한다면 너무나 속이 상할 것 같았거든. 하지만 슬픈 예감은 틀리지 않았지.

"미안하지만 난 그렇게 생각해."

후루룩쨱깍요정은 힘이 쭉 풀렸어. 하지만 절대 그런 게 아니라는 걸 알려 주고 싶었지.

"덤벙첨벙! 그렇다면 날 봐 봐."

"응? 나 지금 널 보고 있잖아. 이 숲길에 너랑 나 둘뿐이라고."

덤벙첨벙요정은 두리번거리며 주변을 살피고는 다시 후루룩쨱깍요정을 흘끔 보았어.

"네가 볼 때 난 어때? 난 후루룩! 먹는 것에 진심이라서 좀 뚱뚱하고, 시간의 흐름에도 굴하지 않지만 꽤 나이를 먹었지?"

"응, 내가 널 모르는 것도 아닌데 갑자기 자기소개는 왜 다시 하고 그래?"

덤벙첨벙요정은 후루룩쨱깍요정이 좀 엉뚱하다고 생각했지.

"얼렁뚱땅 넘어가지 말고 잘 봐. 난 뚱뚱하고 나이도 많아. 젊고 예쁜 것과는 거리가 멀지. 그럼 난 영원히 사랑할 수 없을까?"

후루룩쨱깍요정의 말에 덤벙첨벙은 꽤나 당황스러웠어. 그렇다고도 그렇지 않다고도 대답할 수 없는 곤란한 상황이었지.

"아하하……. 후루룩쨱깍, 날 곤란하게 만드네. 너도 노력하면 사랑을 할 수 있을 거야. 내가 외모가최고약을 되찾으면 너부터 도울게!"

덤벙첨벙요정은 얼른 이 상황을 피하고 싶었어. 그런데 후루룩쨱깍요정은 전혀 상상하지 못한 말을 했지.

"아니, 그럴 필요 없어! 난 이미 짝꿍이 있거든. 우리는 진심으로 사랑해."

"와…… 정말이야? 정말 사랑하는 짝꿍이 있다고? 대단하다! 부러워……."

 부럽다는 말은 사실이었어. 덤벙첨벙요정도 다른 사람들의 사랑을 돕는 일을 하고 싶었지만, 진짜 자신의 사랑도 찾고 싶었지.
 "그래. 우리는 외모를 보고 사랑에 빠진 게 아니야. 내가 예쁘고, 내 짝꿍이 잘생겨서 사랑에 빠진 건 아니라는 얘기지."
 덤벙첨벙요정은 후루룩짹깍요정이 부럽기도 하고, 지금 이 순간이 부끄럽기도 했어. 그래서 괜스레 큰 소리를 쳐 보았지.
 "그렇구나! 내가 아직 사랑에 대해 잘 모른다고 했잖아. 하하하……. 그렇지만 난 널 보면서 못생겼다고 생각한 적은 없어! 누가 널 보고 못생겼대? 그런 사람도 그런 요정도 없잖아?"
 그때였어. 멀지 않은 곳에서 낯선 목소리가 들렸어.

"귀여운 요정님! 잠깐만요. 잠깐 기다려 주세요!"

덤벙첨벙요정은 뒤를 돌아보며 환하게 웃었어. 당연히 자기를 부르는 거라고 생각했지.

"음? 누구지? 가까이 와 보세요!"

그런데 그 요정이 덤벙첨벙요정은 쳐다보지도 않고 후루룩쨱깍요정 앞에 가서 걸음을 멈췄어.

"휴! 한참을 쫓아 왔네. 나는 팔랑팔랑요정이야. 나는 너희를 아는데!"

그러고 보니 연습생 시험을 볼 때 만난 적이 있는 요정이었지. 덤벙첨벙요정은 황당하다는 얼굴 표정으로 그 요정의 눈앞에 얼굴을 내밀었어.

"나도 너 알아! 근데 귀여운 요정이 얘라고? 잘 봐. 귀여운 요정은 나, 여기에 있잖아!"

후루룩쨱깍요정은 옆에서 그저 빙긋 웃으며 팔랑팔랑요정에게 인삿말을 건넸지.

"안녕? 나도 널 알지! 나는 후루룩쨱깍요정, 얘는 덤벙첨벙요정이야. 우리는 신비의 숲에 사는 전설의 요정에게 가고 있는 중이야. 얘가 외모가최고약을 홀랑 잃어버렸거든."

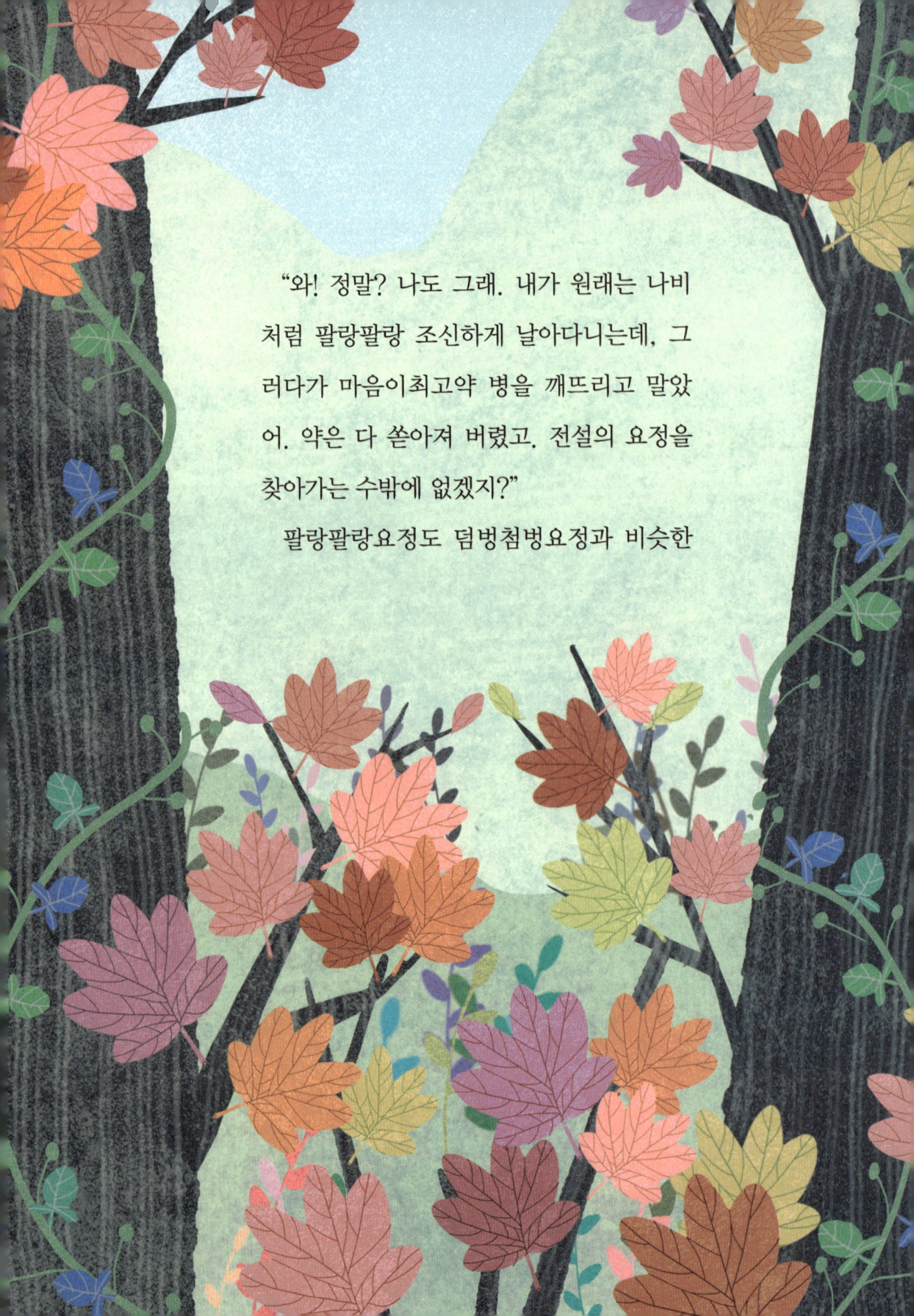

"와! 정말? 나도 그래. 내가 원래는 나비처럼 팔랑팔랑 조신하게 날아다니는데, 그러다가 마음이최고약 병을 깨뜨리고 말았어. 약은 다 쏟아져 버렸고. 전설의 요정을 찾아가는 수밖에 없겠지?"

팔랑팔랑요정도 덤벙첨벙요정과 비슷한

일을 겪은 거였어. 팔랑팔랑요정은 두 요정을 만나서 너무나 반갑고 좋았지. 그런데 덤벙첨벙요정은 여전히 귀여운 요정이 자신이 아닌 후루룩쨱깍이라는 말이 믿기지 않는 모양이었어.

"아니, 그래서! 후루룩쨱깍이 귀엽다고? 귀여운 건 이 덤벙첨벙 아니야?"

팔랑팔랑요정과 후루룩쨱깍요정은 잔뜩 약이 오른 덤벙첨벙을 보면서 웃음이 터졌어.

"하하, 그렇게 생각했다면 미안해! 그런데 나는 연습생 시험을 보던 날에 후루룩쨱깍요정을 보면서 귀여운 요정이라고 생각했거든. 오늘 멀리에서 너희를 보는데도 후루룩쨱깍이 귀엽다고 느껴졌나 봐. 그렇지만 너도 귀여워."

후루룩쨱깍요정은 지금 이 상황이 덤벙첨벙요정과 둘이 나누고 있던 대화와 너무나 잘 맞아떨어진다고 생각했지.

"팔랑팔랑! 너무 미안해할 거 없어. 덤벙첨벙, 너도 너무 약올라하지 말고. 우리 조금 전까지 내 외모에 대해 이야기하고 있었잖아. 팔랑팔랑이 보는 것과 덤벙첨벙이 보는 외모의 기준이 다른 것 아닐까? 귀엽다는 말을 들어서 기분은 좋다, 흐흐."

이야기를 가만히 듣고 있던 덤벙첨벙요정은 괜히 심각해졌어.

"흠, 그렇긴 하네. 그렇다면 못생기고 잘생긴 것, 예쁘고 예쁘지 않은 것, 멋지고 멋지지 않은 것……. 이런 건 누가 정하는 거야? '미의 기준'이라는 게 있기는 한 걸까?"

 덤벙첨벙요정의 질문은 두 요정에게 몹시 신선했어. 같은 사람을 두고서 한 사람은 예쁘다고, 다른 한 사람은 예쁘지 않다고 생각할 수 있으니까 말이야. 덤벙첨벙요정 역시 머릿속이 멍해지는 것 같았지. 덤벙첨벙요정은 자연스럽게 자기 경험에 대한 이야기

로 이어 갔어.

"내가 좋아하는 옷, 내가 좋아하는 머리 스타일도 내 친구들은 별로라고 할 때가 있어. 다른 사람들이 멋지다고 말할 때 난 아니라고 생각할 때도 있었지."

후루룩쨱깍요정 역시 비슷한 경험이 있었어.

"맞아, 음식을 먹을 때에도 입맛이 다 다르잖아. 난 연어가 너무 맛있고 좋은데, 내 짝꿍은 기름지고 느끼해서 싫다고 하더라고. 입맛이 서로 다른 것처럼 외모 취향도 서로 다른 거 아닐까?"

"음, 무조건 훌륭한 외모는 없다는 거네. 다양한 외모가 존중되어야 한다는 생각은 들어."

이런 말을 하는 덤벙첨벙요정을 보며 후루룩쨱깍요정은 처음으로 덤벙첨벙요정에게서 가능성을 보았어. 덤벙첨벙요정의 위험한 생각이 바뀔 수 있다는 가능성 말이야.

"오, 내가 널 만난 이후로 지금 이 말이 가장 공감되는 것 같아!"

팔랑팔랑요정도 후루룩쨱깍요정의 말에 한마디 거들고 나섰지.

"와, 외모가최고약의 담당 요정이 외모에 대해 그렇게 생각한다면 무척 훌륭한 것 같은데?"

두 요정의 칭찬에 덤벙첨벙요정은 어깨가 으쓱해지는 것 같았어. 이렇게 세 요정은 함께 길고 긴 대화를 나누며 쉬지 않고 걷고 또 걸었어. 전설의 요정이 살고 있는 신비의 숲을 향해서 말이야.

2

사람들은 정말 외모만을 볼까?

후루룩짹깍요정이 외모가
최고약 말고 다른 마법의 약들도
사랑을 일으킨다고 했잖아요?

외모가최고약은 하나지만 사랑에 빠지는 마법의 약은 여러 개였잖아요. 어쩌면 외모가 뛰어나서 사랑에 빠지는 사람은 생각보다 적을 수도 있어요.

저는 사람마다 사랑에 빠진 순간이 제각각이라는 게 정말 신기해요.

그래, 사람들은 사랑에 빠지려면 얼굴이 아름다워야 한다고 믿지만 실제로는 훨씬 많은 사람들이 외모 말고 다른 이유로 사랑에 빠진다는 걸 말해 주려는 것 같구나.

후루룩짹각요정은 외모가최고약 말고도 <보기>와 같은 마법의 약들이 사랑을 일으킨다고 했어. 다음 상황에 알맞은 마법의 약을 골라 보렴. 한 번에 여러 개를 골라도 돼.

보기

마음씨최고약   매너가최고약   공감력최고약

지성이최고약   유머가최고약

🧪 내 짝은 어떤 이야기이든 너무 재미있게 해. 이제는 짝 얼굴만 봐도 웃음이 나. (　　　　　　)

🧪 그 사람은 철학에서부터 역사, 예술에 이르기까지 풍부한 지식을 가졌어. 그 모습이 너무 매력적이야. (　　　　　　)

예시 답: 유머가최고약, 지성이최고약

소쌤의 인문 특강

미인의 기준이 다 다르다고?

빼어난 외모에 대한 기준이 항상 같지는 않았어. 시대별, 지역별로 미인의 모습이 어떻게 변화해 왔는지 살펴볼까?

서양의 대표 미인으로 불리는 '클레오파트라'와 동양의 대표 미인으로 꼽히는 '양귀비'에 대해 들어 보았니?

클레오파트라는 약 2,000년 전 이집트의 왕이야. 당시 주변 나라들을 정복하던 로마 공화국의 정치가와 장군, 두 사람과 차례로 사랑에 빠졌어. 이 사건 때문에 로마와 이집트의 역사가 바뀔 정도였어. 사람들은 두 남자가 클레오파트라의 미모에 반했다고 생각했지. 당나라 황제의 마음을 사로잡아 왕비가 되었다고 하는 양귀비도 외모와 재주 모두 뛰어났대.

지금까지 아름답다고 전해지는 두 미인을 보고 요즘 사람들도 예쁘다고 생각할까? 너희들이 보기에는 어떠니?

머리띠 모양 왕관을 쓰고 진주 귀고리를 한 클레오파트라 초상화

그리스 신화에 나오는 미와 사랑의 여신인 아프로디테 조각상

약 1,300년 전 중국 당나라 왕, 현종의 왕비였던 양귀비 초상화

 그럼 아래 미인들이 하는 이야기도 들어 볼래?

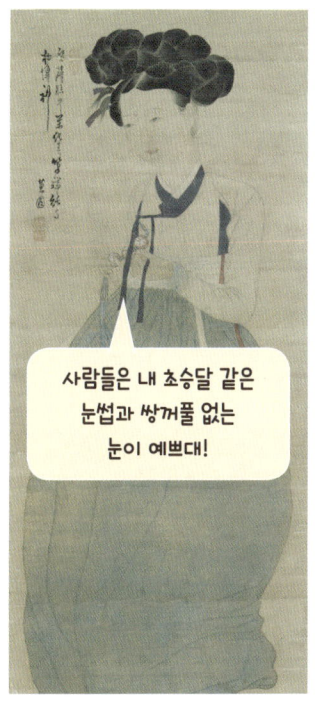

사람들은 내 초승달 같은 눈썹과 쌍꺼풀 없는 눈이 예쁘대!

난 작고 예쁜 발을 가졌어. 얼굴이 예뻐도 발이 뚱뚱하면 반쪽 미인일 뿐이야!

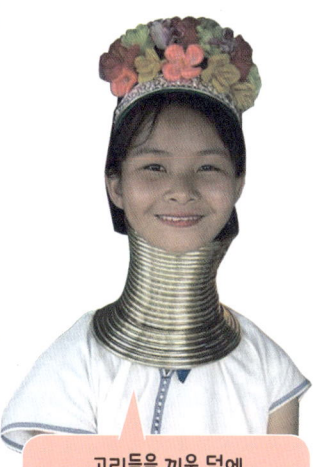

고리들을 끼운 덕에 길고 가냘퍼진 내 목을 좀 봐. 목이 길어야 미인이거든.

첫 번째 그림은 조선 시대의 미인을 그린 신윤복 화가의 <미인도>란다. 그 때에는 얼굴이 계란형이고 쌍꺼풀이 없는 여인을 미인으로 여겼지. 가운데 그림은 중국에 살았던 한 여자의 모습이야. 옛날 중국의 일부 지역에서는 여성의 발을 일부러 작게 만드는 '전족'이라는 풍습이 있었어. 발이 작아야 미인이라고 여겼대. 또 오른쪽 미얀마의 어느 부족 소녀는 목에 고리를 끼우고 있어. 목이 길고 가냘퍼야 미인으로 여겼거든.

이처럼 아름다운 외모는 시대와 장소에 따라, 또 보는 사람들에 따라 다르게 평가된단다.

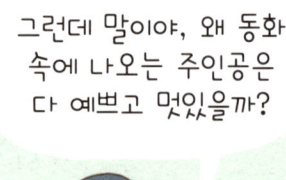

신비의 숲 앞에 선 요정들

"신비의… 나무……."

후루룩쨱깍요정이 나무 한 그루에 걸린 푯말을 읽었어.

"뭐라고? 지금 신비의 나무라고 했어?"

덤벙첨벙요정은 화들짝 놀라서 두리번거리며 신비의 나무를 찾았지.

"여기야, 희미하지만 신비의 나무라고 쓰여 있어. 그렇지?"

"오! 맞아. 진짜 신비의 나무라고 쓰여 있네. 휴!"

덤벙첨벙요정과 팔랑팔랑요정은 얼굴이 환하게 밝아졌어. 이유를 알지 못하는 후루룩쨱깍요정은 어리둥절할 뿐이었지.

"왜? 신비의 나무가 뭔데 그렇게 반가워하는 거야?"

"여기부터가 신비의 숲이라는 거야. 우리가 드디어 신비의 숲

입구에 온 거야!"

몹시 흥분할 만큼 신이 난 두 요정과 달리 후루룩쨱깍요정은 다른 때보다 조금 더 심각해졌어.

전설의 요정에게 가까이 왔다는 것은 이제 덤벙첨벙요정을 설득할 시간이 얼마 남지 않았다는 뜻이었지.

"신비의 숲으로 이어진 길은 생각보다 길다고 했어. 하지만 이 언덕 하나를 넘어가기만 하면, 전설의 요정이 살고 있는 동굴이 나타날 거야. 조금만 더 힘을 내자!"

두 요정은 잠시 쉴 틈도 없이 다시 출발하려고 했지. 후루룩쨱깍요정은 "잠깐, 잠깐만!" 하며 두 요정을 붙잡았어. 두 요정은 뒤를 돌아 후루룩쨱깍요정을 보았지.

"우리 잠깐 여기에서 얘기를 좀 하자."

"에휴, 여기에서 이럴 시간이 없어. 빨리 서둘러야 한다고."

후루룩쨱깍요정이 시간을 벌어 보려고 했지만 두 요정을 막을 수는 없었어.

"맙소사……."

후루룩쨱깍요정은 하얗게 질린 얼굴로 쏜살같이 뒤쫓아 갔어. 두 요정이 얼마나 빨리 뛰어갔는지 쫓아가기도 전에 두 요정은 전

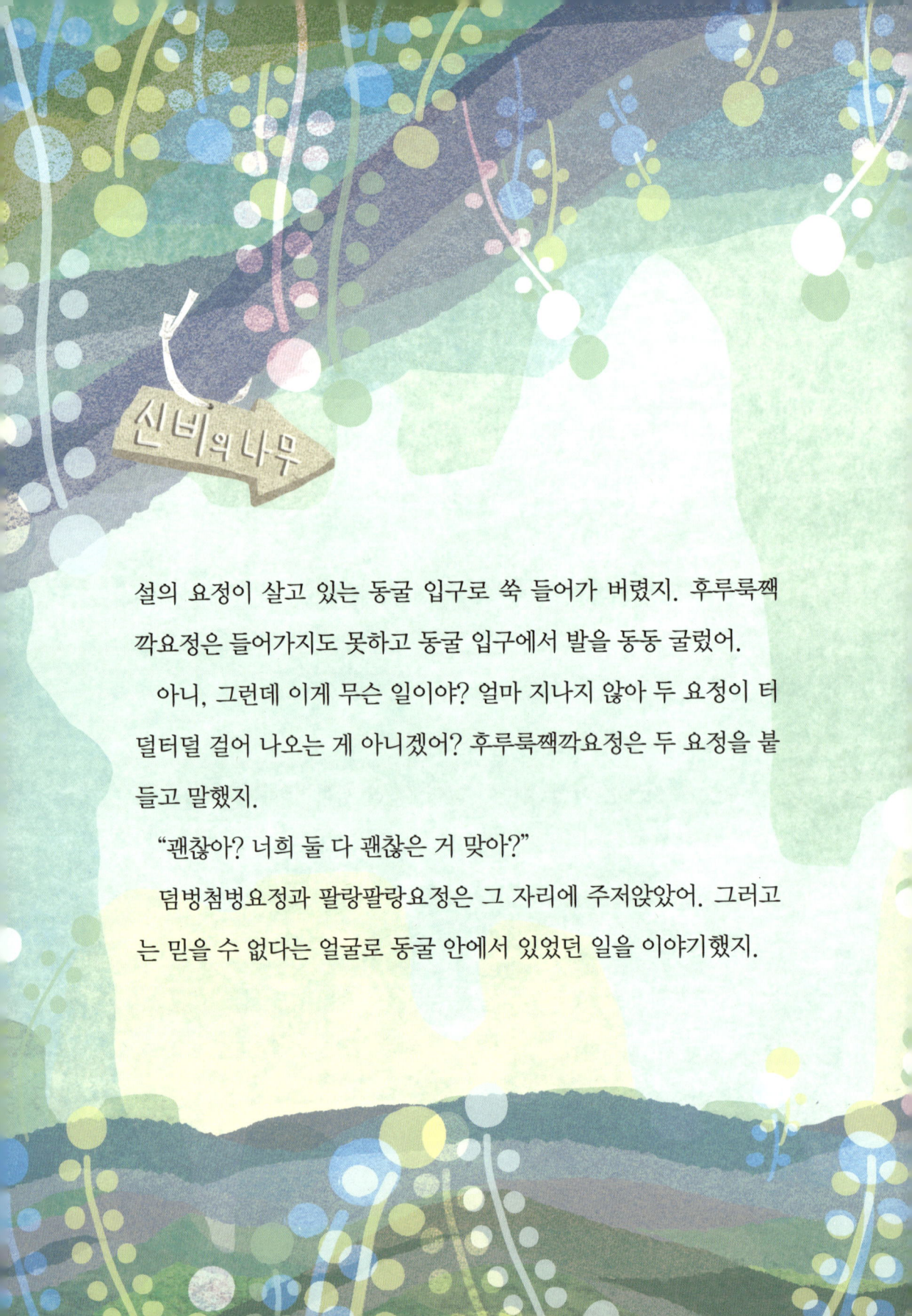

설의 요정이 살고 있는 동굴 입구로 쏙 들어가 버렸지. 후루룩쨉깍요정은 들어가지도 못하고 동굴 입구에서 발을 동동 굴렀어.

아니, 그런데 이게 무슨 일이야? 얼마 지나지 않아 두 요정이 터덜터덜 걸어 나오는 게 아니겠어? 후루룩쨉깍요정은 두 요정을 붙들고 말했지.

"괜찮아? 너희 둘 다 괜찮은 거 맞아?"

덤벙첨벙요정과 팔랑팔랑요정은 그 자리에 주저앉았어. 그러고는 믿을 수 없다는 얼굴로 동굴 안에서 있었던 일을 이야기했지.

"전설의 요정은 눈부시게 밝고 신비로운 모습이었어. 얼마나 빛이 나는지 제대로 쳐다볼 수 없었어. 그런데 그 아름다운 모습으로 아주 냉정한 말을 했지. 전설의 요정은 마법의 약을 만드는 비법을 그냥 알려 주지 않는대. 내 목숨을 희생해야만 비법을 알 수 있다는 거야. 그리고 나서 약을 만드는 비법은 종이에 적어서 요정 나라로 보낸대. 다른 요정들이 편지로 그 비법을 받아 보는 거지. 시험을 통과하지 않은 연습생이 마법의 약 제조 비법을 알리면 자기 목숨을 내놓는 대가를 치러야 한다니……. 이게 말이 되는 거야?"

세 요정은 몇 분 동안 아무 말도 하지 못했어.

후루룩짹깍요정은 길게 한숨을 쉬고는 어렵게 입을 열었지.

"내가 신비의 숲에 들어설 때 너희에게 해 주고 싶은 말이 있었어. 사실, 난 비법을 얻는 데 희생이 필요하다는 걸 알고 있었거든. 빨리 말해 줄 걸 그랬나 봐. 너무 실망했지."

두 요정은 후루룩짹깍요정을 탓할 수도 없었어. 이 현실을 인정하기가 힘들 뿐이었지. 그 순간, 팔랑팔랑요정이 자리에서 벌떡 일어서며 말했어.

"난 그냥 돌아갈래. 약을 만들 수 있는

비법을 알아내려고 내 목숨을 내놓을 수는 없어."

후루룩쨱깍요정은 팔랑팔랑요정의 옷깃을 잡으며 말했어.

"맞아. 그런데……, 어떻게 할 생각이야?"

"몰라! 돌아가서 다른 방법이라도 찾아야겠지. 무슨 방법이든 있지 않겠어?"

팔랑팔랑요정은 팔랑팔랑 나비가 날아가듯 걸어서 신비의 숲을 떠나갔어. 눈 깜짝할 사이에 덤벙첨벙요정과 후루룩쨱깍요정 둘만 다시 남겨졌지.

"그럼 이제 어떡해. 외모가최고약 없이 남은 연습생 기간 동안 어떻게 활동해? 사람들의 외모를 바꿔 주지 않고 어떻게 사랑에 빠지게 하지? 못생긴 사람들이 사랑에 빠질 수 있을까?"

덤벙첨벙요정은 이 현실을 믿을 수 없다는 듯 혼잣말을 했어. 후루룩쨱깍요정은 용기를 내어 덤벙첨벙요정에게 다가갔지.

"너무 실망하지 마, 덤벙첨벙. 내가 아까부터 생각을 해 봤는데 말이야. 우리는 동화에서 외모가 뛰어난 주인공들이 사랑에 빠지는 경우들을 찾아봤잖아. 그런데 그 반대도 있어!"

"그 반대……라니?"

덤벙첨벙요정은 귀가 번쩍 뜨이는 것 같았어.

"못생겨도 사랑에 빠진 사람들이 있어. 미녀와 야수, 그리고 슈렉이 그래!"

"미녀와 야수? 슈렉?"

드디어 덤벙첨벙요정의 귀에 후루룩쨱깍요정의 말이 들리기 시작했어. 후루룩쨱깍요정은 기회는 지금뿐이라고 생각했어. 그래서 마음을 충분히 가라앉힌 채 차근차근 말을 이어 갔지.

"우선 '미녀와 야수' 이야기를 해 줄게."

덤벙첨벙요정은 잘라진 나무 밑동을 의자 삼아 앉아서 후루룩쨱깍요정의 이야기에 집중했어.

"미녀와 야수에는 아름답고 마음씨 고운 벨이 나와. 남자 주인공은 마녀의 마법에 걸려 험상궂게 생긴 야수가 된 모습으로 등장하지. 벨의 아빠는 야수의 성에서 벨이 좋아하는 장미 한 송이를 꺾다가 그만 들키고 말아. 야수는 살고 싶다면 딸 중 한 명을 성으로 보내라고 하지. 그래서 착한 막내딸 벨이 야수의 성에 오게 되는 거야. 야수는 벨과 함께 지내면서 벨을 사랑하게 돼."

후루룩쨱깍요정의 말을 듣던 덤벙첨벙요정은 결말이 궁금했어.

"그래서 어떻게 돼? 설마 벨도 야수를 사랑하게 된다고?"

"잘 들어 봐. 벨이 가족들을 그리워하자 일주일 동안 집에 다녀올 수 있도록 야수가 허락을 해. 벨은 일주일 뒤에 꼭 돌아온다고 하고 집에 가지. 그런데 언니들이 야수의 성에서 너무나 잘 지내는 벨을 질투해서, 야수와의 약속을 지키지 못하게 해. 집에 더 있

다가 가라고 말이야. 벨은 일주일 넘게 집에 있다가 야수가 준 마법의 거울을 통해서 야수가 죽어 가는 모습을 보게 되지. 곧바로 야수의 곁으로 간 벨은 야수를 안고 사랑한다고 고백해."

"와우! 결국 벨도 야수를 사랑하고 있었던 거네!"

덤벙첨벙요정은 역시 사랑에 진심인 요정이었어. 사랑이 맺어진 순간에 누구보다 기뻐했지.

"더 멋진 건 마지막 부분이야. 벨이 사랑을 고백한 순간, 야수는 잘생기고 멋진 왕자로 변해. 마녀의 저주가 풀린 거지. 결국 벨과 왕자는 행복하게 살았다는 이야기야."

"와, 이 이야기는 진짜 못생긴 사람과 사랑에 빠지는 이야기네? 크크!"

"맞아, 진짜 그렇지? 으흐흐."

두 요정은 키득키득 웃음이 터졌어. 왠지 통쾌한 느낌이었지.

"미녀와 야수는 그래도 좀 나은 거야. 슈렉 이야기는 더 흥미진진할걸?"

후루룩쨱깍요정의 말에 덤벙첨벙요정은 귀를 더 쫑긋 세우고 집중했지.

"슈렉은 애니메이션 영화로 나온 이야기야."

잠깐! 이 책을 읽는 독자 친구들! 아래 내용에는 〈슈렉〉 애니메이션의 결말 내용이 포함되어 있어. 영화를 통해 결말을 보고 싶은 독자들은 이 부분을 슬쩍 넘어가도 좋아!

"슈렉은 덩치가 엄청 크고 못생긴 초록색 거인이야. 용이 지키는 성에 갇힌 피오나 공주를 구해 주게 되지. 그런데 피오나 공주도 저주에 걸려서 해가 지면 못생긴 괴물로 변해. 진정한 사랑의 키스를 하면 마법이 풀린다고 했어. 여러 사건을 겪은 슈렉과 피오나 공주는 서로를 사랑한다는 걸 알게 되고 키스를 하게 되지. 아름다운 피오나 공주와 못생긴 괴물 슈렉이 사랑에 빠진 거야."

"와, 그럼 공주의 저주가 풀렸겠네?"

덤벙첨벙요정은 저주가 풀리면 공주가 더욱 아름다워질 거라고

생각했어. 대부분의 사람들 생각도 마찬가지였지.

"응! 그런데 피오나 공주는 슈렉처럼 못생긴 괴물로 변했어. 어쩌면 피오나 공주는 해가 지면 괴물로 변하는 저주에 걸린 게 아니라, 해가 떠 있는 시간에만 아름다운 모습으로 변하는 마법에 걸린 게 아니었을까? 크크."

"맙소사. 마법이 풀렸는데 슈렉 같은 못생긴 괴물이 되었다고?

으하하.”

후루룩쨱깍요정도 덤벙첨벙요정도 엉뚱하게 내려진 결말에 배꼽을 잡고 웃었지.

“그래서 어떻게 됐어? 못생긴 슈렉과 못생긴 피오나 공주, 그대로 사랑하면서 살았어?”

덤벙첨벙요정은 그 끝을 상상하기 어려웠어.

“크크, 넌 어떻게 됐을 거 같아?”

후루룩쨱깍요정은 짓궂은 질문을 했지.

“아흐, 모르겠어. 그대로 영원히 사랑해야 이야기가 끝날 것 같은데. 정말 그럴 수 있을까?”

덤벙첨벙요정은 오락가락하는 자기 마음을 숨김없이 표현했어. 후루룩쨱깍요정은 그런 덤벙첨벙요정의 속을 후련하게 해 주었지.

“피오나 공주가 초록 괴물로 변해서 당황한 건 피오나 공주 자신이었어. 슈렉은 피오나 공주에게 지금 모습 그대로가 아름답다고 말했어. 그리고 둘은 마침내 결혼했지.”

“와우! 슈렉 정말 멋지다. 감동적인 이야기야!”

덤벙첨벙요정은 이런 사랑 이야기도 있다는 걸 알게 되어서 놀랍기도 했고 왠지 모를 짜릿함이 느껴지기도 했어.

"그러고 보니 동화에서도 외모와 상관없이 사랑에 빠지네?"

드디어! 후루룩쨱깍요정이 덤벙첨벙요정에게 알려 주고 싶었던 걸 덤벙첨벙요정이 알아챈 순간이 왔지.

"맞아, 바로 그거야!"

후루룩쨱깍요정은 무릎을 탁 치며 그 자리에서 일어섰지. 덤벙첨벙요정은 궁금증이 이어졌어.

"흠, 그런데 말이야. 미녀와 야수, 그리고 슈렉과 피오나는 서로의 어떤 모습에 반하고 사랑에 빠진 걸까?"

후루룩쨱깍요정은 그런 덤벙첨벙요정의 질문이 그 무엇보다 반가웠어.

"음, 맞아. 외모가 아닌 다른 매력이 분명히 있을 거야. 우선 미녀와 야수에서 벨은 야수의 험상궂은 외모에 깜짝 놀랐을 거야. 그런데 함께 성에서 지내면서 야수가 벨을 위해 주는 마음, 따뜻한 마음 씀씀이에 반하게 된 것 아닐까?"

"음……. 그럴 수 있겠다. 자기를 위해 주는 진심 어린 마음이 느껴져서 벨도 야수를 사랑하게 되었겠지."

덤벙첨벙요정은 가만히 고개를 끄덕이며 깊은 생각에 잠겼어.

"슈렉도 그래. 피오나 공주를 구하는 과정에서 서로의 진심을 느꼈을 거야. 그러니까 피오나 공주의 있는 모습 그대로를 사랑한다고 고백할 수 있었겠지."

"그러고 보면 예쁘고 멋있는 동화 나라 주인공들도 외모가 아닌 다른 매력들을 가지고 있었던 걸지도 몰라."

덤벙첨벙요정은 후루룩쩍깍요정이 전혀 상상하지 못했던 말을 내뱉었지. 후루룩쩍깍요정은 놀라움을 감추지 못했어.

"와, 그럴 수 있겠구나! 그러고 보면 신데렐라, 백설 공주 모두 무척 착한 마음씨를 가졌어."

"인어공주에 나오는 왕자는 이웃 나라 공주가 자신을 구해 준 거라고 생각해서 사랑에 빠진 거거든. 진실을 알았다면 인어공주를 사랑했을지도 몰라."

덤벙첨벙요정도 동화 나라 인물 하나하나를 떠올려 보니 주인공들의 전혀 다른 모습들이 눈에 보이기 시작했어.

"돌아가면 동화 나라 주인공들을 만나 보고 싶다. 어떤 매력 때문에 사랑에 빠지게 되었는지 살펴보고 싶어."

"나도 나도! 우리 다시 돌아가면 같이 주인공들을 만나 보기로

하자. 너무 재밌을 거 같아. 진짜 사랑에 빠지는 이유는 뭘까?"

두 요정은 사랑에 빠지는 이유가 진짜 궁금해졌어. 덤벙첨벙요정의 생각도 처음보다 많이 달라져 있었지.

"사랑을 이뤄지게 하는 마법의 약 중에 외모가최고약이 있는 걸 보면 외모는 중요하긴 한 것 같아. 하지만 후루룩쨱깍 너와 대화를 하다 보니 이제는 외모 말고도 사랑에 빠지는 다른 이유들이 있을 것 같아."

"그렇지? 어떤 사람들은 첫눈에 반했다고 하기도 하고, 어떤 사람들은 오래오래 알고 지내다가 점차점차 마음을 열어서 가까워지기도 하잖아."

덤벙첨벙요정은 후루룩쨱깍요정의 말을 듣다 보니 하고 싶은 게 한 가지 생겼어.

"흠, 동화 속 이야기 말고도, 더 많은 사람들이 어떻게 사랑하게 되었는지를 들을 수 있으면 좋겠다. 그러면 진짜 사랑이 무엇인지 알 수도 있을 것 같은데 말이야."

덤벙첨벙요정의 말이 끝나기 무섭게 후루룩쨱깍요정은 자리에서 벌떡 일어섰지.

"그래! 아주 좋은 방법이 생각났어! 바로 그거야!"

겉보다는 속이 중요해!

왜 속이 더 중요하다고 말하는 거죠?

내가 지혜로운 랍비 이야기를 들려줄게. 겉모습보다 속이 더 중요한 까닭을 생각해 보렴.

어느 왕비가 지혜롭기로 소문난 랍비를 왕궁에 초대했어. 왕비는 랍비의 뛰어난 지혜가 작고 뚱뚱한 그릇에 담겨 있다며 외모를 비웃었어. 랍비는 왕비에게 당신처럼 귀한 분은 나무통 대신 금 항아리에 포도주를 담가야 한다고 말했어. 그러나 호화찬란한 금 항아리에 담근 포도주는 점차 검은색을 띠더니 맛이 변하고 말았어. 이걸 안 왕이 화를 내자, 왕비는 랍비를 다시 불렀어. 랍비는 왕비에게 말했지.
"포도주가 소박한 나무통에서 잘 익듯이 사람도 겉모습보다는 그 속에 든 지혜가 더 중요한 법이지요."

'빈 수레가 요란하다.'고 하지? 속에 든 게 없으면서 겉만 번지르르한 걸 비꼬는 속담이야.

찬란한 금 항아리도 음식과 맞지 않으면 오히려 상하게 만드네요.

맞아요. 겉만 그럴듯하면 뭘 해요. 정작 중요한 건 속에 든 마음이나 지혜죠. ㅎㅎ!

소쌤의 인문 특강

외모를 꾸미던 옷과 장신구도 변화해!

사람들은 오래전부터 자신의 외모를 꾸미기 위해 옷과 장신구, 화장품 등을 이용했어. 시대에 따라 또, 신분이나 지위에 따라서 치장하고 꾸밀 수 있는 것들이 달랐단다. 한번 살펴볼까?

조선 시대 남자들의 옷과 장신구

(자료 출처)
사냥 옷, 선비 옷, 갓: 문화재청
남자 신발(태사혜), 망건, 풍잠: 국립민속박물관

- 관리들이 사냥 등을 나갈 때 입던 옷
- 선비들이 입던 옷
- 검은색 가죽으로 만들고 장식을 한 남자 신발
- 호박으로 만든 갓 끈이 돋보이는, 왕(고종으로 짐작)이 쓰던 갓
- 상투를 틀 때 쓰던 망건과 장식용 풍잠

조선 시대 여자들의 옷과 장신구

(자료 출처)
부인 한복, 화장품: 문화재청
비녀, 노리개, 장신구: 국립민속박물관

쪽진 머리에 꽂는 비녀

신분 높은 부인들이 입던 옷

여인들이 쓰던 화장품

옷에 장식으로 달던 신선도끼노리개

요즈음 옷과 장신구

동화 밖 세상으로의 여행

"아주 좋은 방법? 그게 뭐야?"

덤벙첨벙요정은 후루룩쨱깍요정의 코앞까지 얼굴을 들이밀고 물었어. 후루룩쨱깍요정은 마법의 지팡이를 꺼냈지.

"후루룩쨱깍, 후루룩쨱깍! 진짜 사람들이 살고 있는 세상으로 연결되는 문!"

후루룩쨱깍요정의 주문이 끝나자 신비의 숲 한가운데에 신비한 구멍이 생겼어. 덤벙첨벙요정은 지금 꿈을 꾸고 있는 것만 같았어.

"와, 이게 다 뭐야? 어떻게 한 거야?"

연습생 요정은 절대 할 수 없을 것 같은 엄청난 마법이었지.

"후루룩! 내가 먹는 것에 진심인 걸 알고 선배 요정들이 알려 준 마법이야. 진짜 사람들이 살고 있는 세상에는 정말 맛있는 음식이

많다고 해서 내가 조르고 또 졸랐지. 인간 세상으로 연결되는 문을 여는 방법을 알려 달라고 말이야."

후루룩쨱깍요정의 음식을 향한 사랑이 이렇게 중요한 역할을 할 줄은 아무도 몰랐어. 후루룩쨱깍요정 스스로도 몰랐을 정도였지.

"덤벙첨벙, 어서 가자! 동화 속 세상이 아니라 진짜 사람들이 사는 세상으로 가서 물어보고 오자. 사람들은 어떻게 사랑에 빠지는지 알아보는 거야! 사랑은 동화 속에만 있는 게 아니잖아."

덤벙첨벙요정은 이 놀라운 상황을 믿을 수 없었어. 하지만 믿지 않을 이유도 없었지.

"좋아! 나는 사랑이라면 첨벙 뛰어드는 요정이잖아. 사랑을 알기 위해서라면 이 문에도 첨벙 뛰어들 수 있지."

"오, 좋아! 하나, 둘, 셋! 첨벙!"

두 요정은 눈 깜짝할 사이에 진짜 사람들이 세상으로 나왔어. 신기하게도 사람들 눈에는 두 요정이 보이지 않는 것 같았지.

"선배 요정들이랑 같이 나왔을 때는 부드러운 대왕 카스테라에 쫄깃쫄깃 찹쌀 탕수육, 골라 먹는 재미가 팡팡 터지는 아이스크림까지! 맛있는 걸 잔뜩 먹고 다시 요정 나라로 돌아갔었어."

후루룩쨱깍요정은 그때를 생각하면 침이 꿀꺽 나올 정도였어.

"그런데 우리 둘이 여기에서 뭘 하면 되는 거야?"

덤벙첨벙요정은 어리둥절한 채 동화 밖 세상을 둘러보느라 정신이 없었지. 후루룩쨱깍요정은 덤벙첨벙요정의 손을 잡고 휙휙 날아다니며 말했어.

"어려울 일은 하나도 없어. 아주 간단한 마법이라 너도 나도 할

수 있는 것! 어린이들의 생각 속에 질문을 살짝 넣어 주는 거야. 그러고는 무슨 이야기가 들려오는지 기다리면서 듣는 거지."

"아하, 어린이들의 생각 주머니에 질문 넣기! 그건 나도 잘할 수 있지. 연습생 요정이 되면 가장 처음에 배우는 마법이잖아. 그것 때문에 어린이들이 너도나도 질문을 너무 많이 해서 어른들이 피곤해 한다는 소문도 있지만 말이야. 으키키."

알고 보니 어린이들이 '왜?', '이건 뭐야?' 같은 질문을 많이 하게

되는 건 연습생이 된 요정들 때문이었어. 세상 모든 어른들이 이 사실을 알게 되면 연습생 요정의 학습 내용에서 이 마법을 빼 달라고 아우성칠지도 모를 일이었지.

"그래, 맞아. 우리 둘 다 그 정도 마법은 잘 쓸 수 있어. 자, 그럼 어린이들 생각 주머니에 질문을 넣어 보자! 후루룩쨱깍, 후루룩쨱깍!"

"좋아, 그럼 나도! 덤벙첨벙, 덤벙첨벙!"

두 요정이 휙휙 날아다니며 어린이들에게 마법의 주문을 외우자 어린이들은 부모님에게 질문하기 시작했지.

"엄마는 왜 아빠랑 결혼했어?"

"아빠는 왜 엄마를 사랑했어?"

"엄마는 왜 아빠를 사랑했어?"

"아빠는 왜 엄마를 만난 거야?"

"엄마랑 아빠는 왜 사랑하게 됐어?"

"아빠랑 엄마는 왜 서로에게 반했어?"

"엄마는 아빠의 어떤 점이 좋았어?"

"아빠는 엄마의 어떤 점 때문에 사랑했어?"

"할머니는? 할아버지는?"

"이모는? 삼촌은?"

"선생님! 선생님은요?"

"왜 사랑하게 된 거예요?"

우리 엄마 아빠는 어떻게 사랑하게 된 걸까? 왜 사랑하게 됐지? 왜 사랑해서 결혼까지 하게 된 걸까? 지금 이 책을 살짝 내려놓고 물어보고 와도 좋아. 갑자기 왜 그런 걸 물어보냐고 하면 요정들 때문이라고 하면 돼!

두 요정은 그렇게 어린이들을 통해서 동화 밖 세상에 사는 진짜 사람들, 진짜 어른들의 사랑 이야기를 들을 수 있었어. 부끄러워서 말을 잘 안 해 주는 어른들도 있었지만, 어느새 젊은 시절을 떠올리며 추억에 잠긴 분들도 있었지.

"진짜 많은 이야기들이 있는데, 난 우선 예뻐서 만났다는 대답이 제일 먼저 들렸어."

덤벙첨벙요정은 수많은 대답들 중에서 '예뻤다'는 대답을 모아 봤어.

예쁘다

후루룩쨱깍요정은 수많은 대답들 중에서 '멋있다'는 대답을 모아 봤지.

"너희 아빠는 지금처럼 그때도 어깨가 참 듬직하고 멋있었어."

"네 할아버지는 진한 눈썹이 그 누구보다 멋졌단다."

"너희 엄마는 아주 성실한 사람이었어. 그게 그렇게도 멋있어 보이더구나."

"네 이모? 책임감 있는 모습이 멋있어서 내가 반해 버렸지."

"네 아빠는 키가 크고 훤칠하니 멋있었어. 그땐 왜 더 멋있어 보였을까?"

"내 남자 친구는 어려운 사람들을 위한 봉사 활동을 많이 해. 그게 너무 멋있었지."

두 요정은 그 다음부터가 진짜 흥미로웠어. 덤벙첨벙요정은 '잘 통했다'는 어른들의 말도 모아 보았어.

"우리는 말이 잘 통했어. 내가 하는 말을 그 누구보다 잘 알아듣고, 내가 하고 싶은 말을 하더라고. 신기하게도 말이야."

후루룩쨱깍요정은 마지막으로 '매력적이었다'는 말을 모아 보았지.

"검소하게 사는 모습이 너무 좋았어. 이 사람과는 평생 함께해도 소소하게 행복할 거라는 생각이 들 정도로 매력적이었지."

너와 같이 살면 평생 행복할 거야!

"약속을 잘 지키는 모습에 반했어. 한 번도 약속을 어긴 적이 없어서 참 매력 있는 사람이라고 생각했어."

나 왔어. 약속한 4시네.

매력적이다

자기는 시간 잘 지키는 칸트 같아. 아우, 매력쟁이!

"나를 위해 주는 마음! 그게 최고였지.
한결같이 변하지 않고 사랑할 거라고 말하는데,
이보다 매력적인 사람이 없을 것 같았지."

"나를 웃게 하는 사람이었어. 그 사람만 만나면
내가 웃고 있었지. 나를 즐겁게 해 주고 웃을 수 있게 해 주는
사람만큼 매력적인 사람이 또 있을까?"

두 요정은 이렇게 수많은 사랑 이야기를 들었어. 그러고는 어느 바닷가 모래사장 한쪽에 앉아 뉘엿뉘엿 해가 지는 광경을 감상했지. 그 사이에 후루룩쨱깍요정은 잠시 잊고 있던 자신의 사랑 이야기도 떠올랐어.

"덤벙첨벙, 나는 내 짝꿍의 재치 있고 유머러스한 성격이 참 좋았어. 내 짝꿍은 내가 자기 말을 잘 들어 주고 언제나 공감해 주어서 좋았다고 해."

덤벙첨벙요정은 후루룩쨱깍요정의 이야기까지 가만히 들었어. 그러고는 아주 차분한 목소리로 가만가만히 말했지.

"동화 나라 안에서, 동화 나라 밖에서 사랑에 대해 알아보니 이제 조금은 알 것 같아."

진지한 덤벙첨벙요정의 모습에 후루룩쨱깍요정은 어떤 말이 이어질지 기대되었어.

"우선 내 결론은 외모는 아주 중요하다는 거야."

으잉? 전혀 예상치 못한 말에 후루룩쨱깍요정은 두 눈이 휘둥그레졌지.

"뭐라고? 진짜야? 그게 결론이라고?"

그런데 덤벙첨벙요정은 후루룩쨱깍요정을 놀리기라도 하듯 웃으며 말했어.

"크크, 끝까지 들어 보라고. 우선 첫눈에 반하는 사랑이 있잖아. 절대적으로 누가 봐도 예쁘고 멋있는 건 아니어도! 상대방의 외모에서 매력을 느껴야 하는 건 맞는 것 같아."

후루룩쨱깍요정은 덤벙첨벙요정이 이 뒤에 이어서 할 말이 더욱 궁금해졌어.

"그리고 외모가 뛰어나지 않아도 매력을 느끼는 부분은 다양한 것 같아. 외모만으로 사랑에 빠지는 건 아니라는 걸 알게 되었어."

덤벙첨벙요정의 말에 후루룩쨱깍요정은 그 어느 때보다 마음속에 기쁨이 차올랐지.

"그래, 바로 그거야!"

그리고 덤벙첨벙요정은 이 한 마디도 잊지 않았지.

"무조건 잘생기고 예쁘고 멋있고 훌륭한 외모는 아니더라도, 사랑이 찾아오는 순간에는 내 앞에 있는 상대방이 가장 예쁘고 멋지게 보이는 거 아닐까? 그걸 옛날 어른들은 콩깍지가 씌었다고 하잖아. 크크크."

"맞아, 나도 그렇게 생각해. 내 짝꿍은 나를 요정들 중에 가장 예쁘다고 하지만, 네가 볼 때 내가 그 정도 미모는 아니잖아? 상대방이 가진 진정한 아름다움을 발견할 때 사랑에 빠지는 것 같아."

결국 두 요정은 사랑에 대한 결론을 찾은 것 같았어.

"그 사람이 가진 진정한 아름다움을 발견할 때 사랑에 빠진다! 하, 너무 멋진 말이다. 사랑은 역시 아름답고 달콤해. 그치 후루룩쨱깍?"

"응, 사랑이라는 건 정말 바닷가에서 바라보는 해넘이만큼이나 낭만적인 것 같아."

후루룩쨱깍요정은 해가 완전히 수평선 아래로 내려간 다음에야 마법의 지팡이를 꺼내 들었어. 이제는 다시 동화 속 요정 나라로 돌아갈 시간이었지.

"후루룩쨱깍, 후루룩쨱깍! 신비의 숲 전설의 요정이 살고 있는 동굴 앞으로 연결되는 문!"

그런데 그 순간, 덤벙첨벙요정이 후루룩쨱깍요정의 손을 꽉 잡았어.

"아니야, 우리 거기로 돌아가지 말자."

"헉, 진짜야? 얼마나 어렵게 그 길을 갔는데……. 그곳으로 돌아가지 않아도 괜찮겠어?"

후루룩쨱깍요정은 덤벙첨벙요정이 나중에 후회를 할까 봐 걱정스러운 마음이 앞섰지. 하지만 덤벙첨벙요정은 그 어느 때보다 굳게 마음먹은 것 같았어.

"응. 그곳으로 돌아가지 말자. 우리 집으로 가자. 내가 가서 맛있는 음식을 해 줄게!"

덤벙첨벙요정의 말에 후루룩쨱깍요정은 다시 한 번 마법의 지팡이를 돌리며 주문을 외웠어.

"후루룩쨱깍, 후루룩쨱깍! 동화 속 요정 나라 덤벙첨벙요정의 집으로 연결되는 문!"

두 요정은 신비의 숲에 있는 전설의 요정을 만나러 가는 것을 포기하고 덤벙첨벙요정의 집으로 왔어. 따듯한 집, 맛있는 요리, 편안한 마음 그 무엇 하나 아쉬운 게 없었지.

"덤벙첨벙, 외모가최고약을 되찾지 못해도 괜찮겠어? 어떻게 할 생각이야?"

후루룩쨱깍요정은 아무래도 덤벙첨벙요정이 걱정되었어. 덤벙첨벙요정은 생각보다 덤덤하게 대답했지.

"음, 우선은 외모가최고약 없이 연습생 기간을 채워 볼게. 다른 마법의 약을 가지고 있는 요정들과 함께 사람들을 돕는 일을 해도 좋을 것 같고 말이야. 그리고 연습생들도 치를 수 있는 시험에 참여하면 될 것 같아! 사랑이 무엇인지 이제는 대답할 수 있지 않을까? 시험을 통과해서 마법의 약을 만드는 비법을 배우면 좋겠어!"

그러면서 덤벙첨벙요정은 후루룩쨱깍요정에게 그 시험에 같이 참여하자고 제안했어. 두 요정 모두 서로가 함께한다면 더 자신감이 생길 것 같았지.

그날 저녁에 두 요정이 함께 한 식사는 그 어느 때보다 맛있고 만족스러웠단다.

인문철학 왕 되기

만일 나라면?

우리가 진정한 사랑을 원한다면 무엇을 갖추어야 할까?

아름다운 마음이요.

그래. 몸과 마음이 전부 아름답다면 더할 나위가 없겠지. 하지만 무엇이 더 소중한지 묻는다면 나는 마음의 아름다움이라고 답하고 싶구나. 나이가 들면서 얼굴과 몸은 점차 아름다움을 잃을 수 있지만 마음의 아름다움은 더 깊어질 수 있으니까 말야.

 만약 누군가와 사랑에 빠진다면 나는 어떤 매력으로 상대에게 다가가고 싶은가요? 보기에서 골라 보고, 다른 매력이 더 있다면 빈칸에 써 보세요.

잠자는 공주 같은
사랑스러운 아름다움

사랑에 빠지려는 이들을 돕는
후루룩째깍요정의
친절하고 현명한 태도

야수가 미녀에게 베풀었던
따뜻한 마음 씀씀이

피오나 공주의 지금 그대로의
솔직한 모습

나의 매력은 _____

_____

_____ **입니다.**

나의 외모를 개성 있게 꾸며 보자

여러분은 좋아하는 옷 스타일이나 장신구가 있나요?
아니면 특별히 매력적이라고 생각하는 옷차림이 있나요?
여러분이 원하는 대로 외모를 꾸며 보세요.

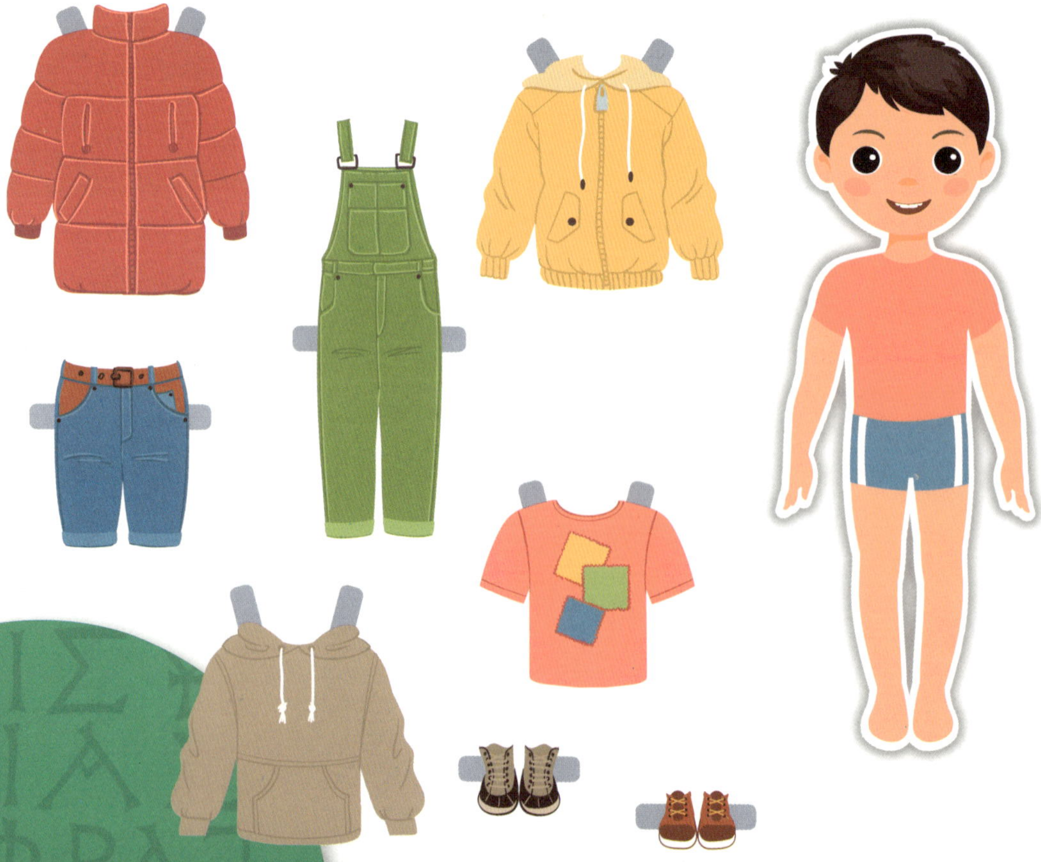

✅ **뭉치북스가 만든 국내 최초 토론책!**   ✅ **초등 국어**
✅ **한국디베이트협회와 공동**

- 01 함께 사는 로봇
- 02 원시인도 모르는 공룡
- 03 더 멀리 더 높이 더 빨리 스포츠 과학
- 04 까만 우주 속 작은 별
- 05 노벨도 깜짝 놀란 노벨상
- 06 지켜라! 멸종 위기의 동식물
- 07 도로시의 과학 수사대
- 08 살아 있는 백두산
- 09 콜록콜록! 오늘의 황사 뉴스
- 10 앗! 이런 발명가. 와! 저런 발명품
- 11 아낄수록 밝아지는 에너지
- 12 과학 Cook! 문화 Cook! 음식의 세계
- 13 과학을 훔친 수상한 영화관
- 14 끝없이 진화하는 무서운 전염병
- 15 지구 온난화와 탄소배출권
- 16 먹을까? 말까? 먹거리 X파일
- 17 우리 몸을 흐르는 피와 혈액형
- 18 진짜? 가짜? 가상현실과 증강현실
- 19 두근두근 신비한 우리 몸속 탐험
- 20 우리를 위협하는 자연재해
- 21 봄? 가을? 경계가 모호해지는 사계절
- 22 세균과 바이러스 꼼짝 마 약과 백신
- 23 생태계의 파괴자? 외래 동식물
- 24 팔팔끓~ STOP!!! 우리나라도 위험해요. 소중한 물
- 25 오늘도 나쁨! 작아서 더 무서운 미세먼지
- 26 식량 위기에서 인류를 구할 미래 식량
- 27 썩지 않는 플라스틱! 지구와 인간을 병들게 하는 환경 호르몬
- 28 나와 똑같은 또 다른 나, 인간 복제
- 29 미래의 디지털 첨단 의료
- 30 땅속 보물을 찾아라! 지하자원과 희토류
- 31 농사일부터 우주 탐사까지, 미래는 드론 시대
- 32 알쏭달쏭 미지의 세계, 뇌
- 33 얼마나 작아질까? 어디까지 발달할까? 나노 기술과 첨단 세계
- 34 찾아라! 생명체가 살 수 있는 또 다른 별, 제2의 지구
- 35 배울수록 더 강해지는 인공 지능
- 36 창조론이냐? 진화론이냐? 다윈이 들려주는 진짜진짜 진화론
- 37 모두모두 소중한 생명! 멈춰요 동물 실험
- 38 유해할까? 유용할까? 생활 속 화학 물질
- 39 46억 년의 비밀, 생명을 살리는 지구
- 40 과학자가 가져야 할 덕목, 과학자 윤리와 책임

| 공부다!

인재를 위한

과서

이제 토론이 공부다!

과학토론왕

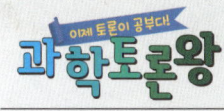

과학토론왕 40권 + 독후활동지 40권

전 80종 / 정가 580,000원

이제 토론이 공부다!

사회토론왕

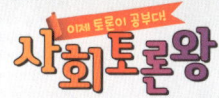

사회토론왕 40권 + 독후활동지 40권

전 80종 / 정가 580,000원

- 한우리 추천도서
- 경향신문 추천도서
- 경기도 초등토론 교육연구회 추천
- 경기도 지부 독서 골든벨 선정도서
- 환경정의 어린이 환경책 권장도서
- 한국 아동문학인협회 우수도서
- 학교도서관 사서협의회 추천도서

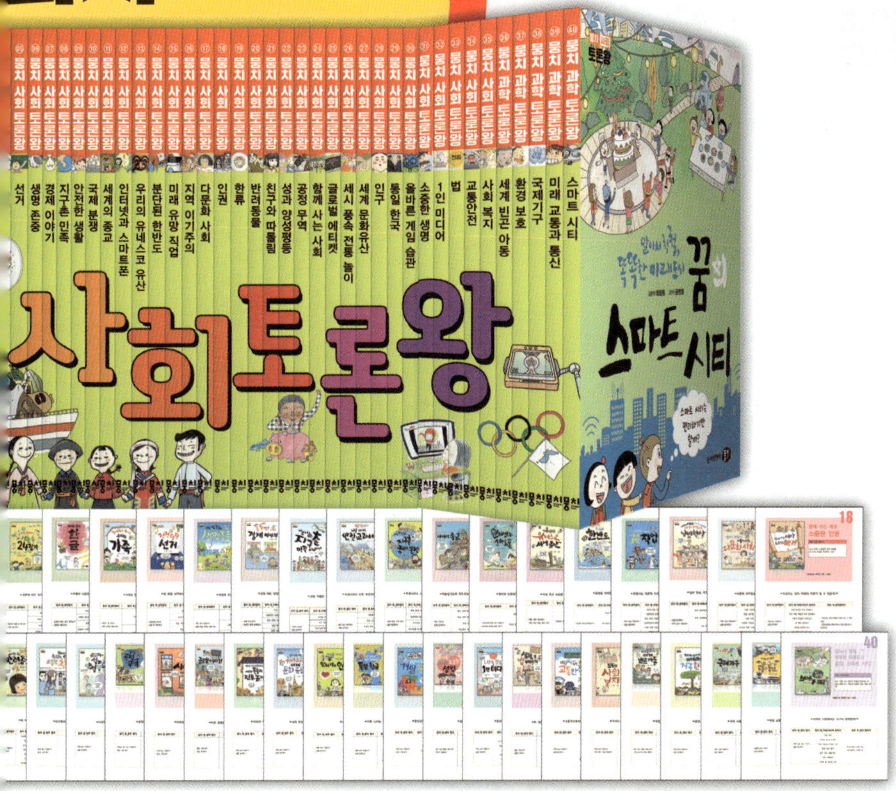

서 선정 도서! ✓활용 만점 독후 활동지 각 권 제공!

문가들이 강력 추천한 책!

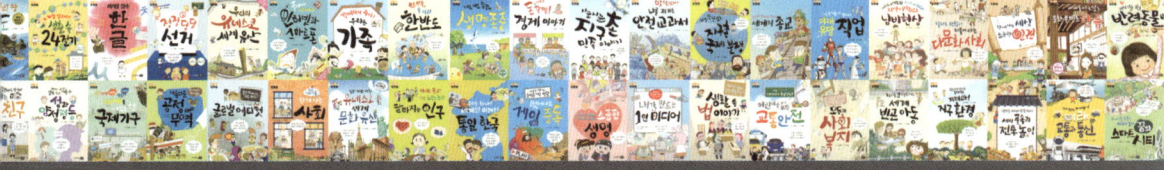

01 우리 땅 독도
02 생활 속 24절기
03 세계를 담은 한글
04 정정당당 선거
05 우리의 유네스코 세계 유산
06 좋아? 나빠? 인터넷과 스마트폰
07 함께라서 좋아! 우리는 가족
08 한민족, 두 나라 여기는 한반도
09 너도 나도 똑같이 생명 존중
10 돈 나와라 뚝딱! 경제 이야기
11 시끌시끌 지구촌 민족 이야기
12 앗! 조심해! 나를 지키는 안전 교과서
13 바람 잘 날 없는 지구촌 국제 분쟁
14 믿음과 분쟁의 역사 세계의 종교
15 인공 지능으로 알아보는 미래 유망 직업
16 지역 이기주의 님비 현상
17 더불어 사는 다문화 사회
18 함께 사는 세상 소중한 인권
19 세계를 사로잡은 문화 콘텐츠 한류
20 변치 않는 친구 반려동물
21 왕따는 안 돼! 우리는 소중한 친구
22 여자? 남자? 같은 것과 다른 것! 성과 양성평등
23 모두가 행복한 착한 초콜릿, 아름다운 공정 무역
24 우리는 이웃사촌! 함께 사는 사회
25 틀린 게 아니라 다른 거라고? 글로벌 에티켓
26 신통방통 지혜가 담긴 우리의 세시 풍속과 전통 놀이
27 출발, 시간 여행! 유네스코 세계 문화유산
28 아이는 줄고! 노인은 늘고! 달라지는 인구
29 우리는 하나! 세계로! 미래로! 통일 한국
30 레벨업? 셧다운? 슬기로운 게임 생활, 벗어나요 게임 중독
31 살아 있어 행복해! 곁에 있어 고마워! 소중한 생명
32 나도 크리에이터! 시끌벅적 1인 미디어 세상
33 뚜아뚜아별의 법을 부활시켜라! 생활 속 법 이야기
34 하늘 · 땅 · 바다 어디서나 조심조심! 어린이를 위한 교통안전
35 함께 만들어요! 함께 누려요! 모두의 사회 복지
36 위아더월드, 도움의 손길이 필요해요, 세계 빈곤 아동
37 환경 덕후 오총사가 간다, 지켜라! 지구 환경
38 전쟁 NO! 평화 YES! 세계를 이끄는 힘, 국제기구
39 더 멀리, 더 빠르게! 미래 교통과 통신
40 알아서 척척, 똑똑한 미래 도시, 꿈의 스마트 시티

경기도 사서협의회 추천도서 · 한국교육문화원 추천도서 · 아침독서 추천도서

100만 부 판매 돌파!

수학이 쉬워지고, 명작보다 재미있는
뭉치수학왕

정부 기관 선정 우수 도서상을 많이 수상한 믿을 수 있는 시리즈!

뭉치 수학왕 시리즈는 미래의 인재로 키워 줄!

"인공지능(AI) 시대의 힘은 수학에서 나온다!"

개념 수학

〈수와 연산〉
1 양치기 소년은 연산을 못한대
2 견우와 직녀가 분수 때문에 싸웠대
3 가우스, 동화 나라의 사라진 0을 찾아라
4 가우스는 소수 대결로 마녀들을 물리쳤어
5 앨런, 분수와 소수로 악당 히들러를 쫓아내라
6 약수와 배수로 유령 선장을 이긴 15소년

〈도형〉
7 헨젤과 그레텔은 도형이 너무 어려워
8 오일러와 피노키오는 도형 춤 대회 1등을 했어
9 오일러, 오즈의 입체도형 마법사를 찾아라
10 유클리드, 플라톤의 진리를 찾아 도형 왕국을 구하라
11 입체도형으로 수학왕이 된 앨리스

〈측정〉
12 쉿! 신데렐라는 시계를 못 본대

13 알쏭달쏭 알라딘은 단위가 헷갈려
14 아르키는 어림하기로 걸리버 아저씨를 구했어
15 원주율로 떠나는 오디세우스의 수학 모험

〈규칙성〉
16 떡장수 할머니와 호랑이는 구구단을 몰라
17 페르마, 수리수리 규칙을 찾아라
18 피보나치, 수를 배열해 비밀의 방을 탈출하라
19 비례배분으로 보물섬을 발견한 해적 실버

〈자료와 가능성〉
20 아기 염소는 경우의 수로 늑대를 이겼어
21 파스칼은 통계 정리로 나쁜 왕을 혼내 줬어
22 로미오와 줄리엣이 첫눈에 반할 확률은?

〈문장제〉
23 개념 수학-백점 맞는 수학 문장제①
24 개념 수학-백점 맞는 수학 문장제②
25 개념 수학-백점 맞는 수학 문장제③

융합 수학

26 쌍둥이 건물 속 대칭축을 찾아라(건축)
27 열차와 배에서 배수와 약수를 찾아라(교통)
28 스포츠 속 황금 각도를 찾아라(스포츠)
29 옷과 음식에도 단위의 비밀이 있다고?(음식과 패션)
30 꽃잎의 개수에 담긴 수열의 비밀(자연)

창의 사고 수학

31 퍼즐탐정 썰렁홈즈①-외계인 스콜피오스의 음모
32 퍼즐탐정 썰렁홈즈②-315일간의 우주여행
33 퍼즐탐정 썰렁홈즈③-두쥐박죽 백설 공주 구출 작전
34 퍼즐탐정 썰렁홈즈④-'지지리 마란드러' 방학 숙제 대작전
35 퍼즐탐정 썰렁홈즈⑤-수학자 '더하길 모테'와 한판 승부

36 퍼즐탐정 썰렁홈즈⑥-설국열차 기관사 '어려도 달리능기러'
37 퍼즐탐정 썰렁홈즈⑦-해설 및 정답

수학 개념 사전

38 수학 개념 사전①-수와 연산
39 수학 개념 사전②-도형
40 수학 개념 사전③-측정·규칙성·자료와 가능성

독후 활동지

본책 40권+독후 활동지 7권
정가 580,000원